餐饮企业

营销模式与活动策划

CANYIN QIYE YINGXIAO MOSHI YU HUODONG CEHUA

（第二版）

方　辉◎主编

微信扫码

- ☑ 配套教学课件
- ☑ 营销管理课程
- ☑ 活动策划学习
- ☑ 经典案例分析

南方传媒　广东经济出版社

·广州·

图书在版编目（CIP）数据

餐饮企业营销模式与活动策划 / 方辉主编. — 2版.— 广州：广东经济出版社, 2024.6
ISBN 978-7- 5454-9194-4

Ⅰ. ①餐… Ⅱ. ①方… Ⅲ. ①饮食业－营销模式②饮食业－营销策划 Ⅳ.①F719.3

中国国家版本馆CIP数据核字(2024)第038710号

责任编辑：蒋先润
责任校对：黄思健
责任技编：陆俊帆

餐饮企业营销模式与活动策划（第二版）
CANYIN QIYE YINGXIAO MOSHI YU HUODONG CEHUA（DI ER BAN）

出版发行：广东经济出版社（广州市水荫路11号11～12楼）
印　　刷：珠海市国彩印刷有限公司
（珠海市金湾区红旗镇永安一路国彩工业园）

开　　本：730mm × 1020mm　1/16
印　　张：14.5
版　　次：2024年6月第2版
印　　次：2024年6月第1次
书　　号：ISBN 978-7-5454-9194-4
字　　数：268 千字
定　　价：58.00元

发行电话：（020）87393830
编辑邮箱：286105935@qq.com
广东经济出版社常年法律顾问：胡志海律师
法务电话：（020）37603025
如发现印装质量问题，请与本社联系，本社负责调换

前　言
Preface

“民以食为天”，不论社会怎么发展变化，人们还是需要生活、需要吃饭的，所以开餐饮店还是非常有前景的。但不可忽略的是，我国餐饮行业越来越成熟，市场竞争也很激烈，餐饮店面临着很大的挑战，其中最大的挑战就是提高收益和扩大利润空间，因而餐饮行业的销售与服务等环节也越来越受到重视。

随着消费市场从卖方市场向买方市场过渡，商家之间的竞争越来越激烈，在这样的环境里，一个企业要形成一定的知名度，要能够吸引客户，就必须进行传播。

餐饮业有这么一句话：“金杯、银杯，不如客人的口碑！”而餐饮企业口碑能否建立，取决于平时营销策划工作的各项细节是否能取得客人给予的情真意切的温馨好评。一个不成熟的餐饮市场，餐厅在经营的最初阶段能很快获得“成功”，得到极大的利润回报，且餐厅的市场管理也容易得多，这是因为餐饮市场的竞争对手少，竞争主导权被餐饮企业的管理者所掌握；而一个成熟的餐饮市场，则促使餐饮企业的管理者不断变革，这是因为餐饮市场的竞争对手增多，各种特色餐厅层出不穷，消费者的需求也变得越来越多样——这也是市场经济的基本规律。

餐饮市场变化日新月异，使得餐饮企业管理者的经营管理越来越难，特别是在餐饮市场走向成熟以后，餐厅管理需要更加精心设计的营销策略以提升餐厅的市场价值。尤其在当前竞争激烈的经营环境下，各色餐厅层出不穷，营销方式五花八门，使得很多餐厅的经营受到一定程度的冲击，呈现出低迷态势。在市场经济环境下，餐厅的营销模式运用与营销活动策划将是餐饮企业管理者必须掌握的业务手段。

然而，策划组织一场创意满满、组织有序、客人认可、气氛良好且业绩显著的营销活动是一件难度极高的事情，许多餐饮企业的管理者虽为之绞尽脑汁，却未必能够取得理想的结果。

本书是《餐饮企业营销模式与活动策划》的升级再版。主要内容包括餐饮企业营销模式与餐饮企业活动策划两个部分。餐饮企业营销模式部分主要讲述餐饮企业的各种营销模式，包括广告营销、品牌营销、O2O营销、微博营销、微信营销、团购营销、直播营销、短视频营销；餐饮企业活动策划部分包括餐饮企业营销活动策划概述、节日促销活动策划、庆典活动策划。书中运用了大量的图表，加入了“实战范本”“拓展阅读”和“案例”等栏目，以丰富和拓展各知识点。本书充分考虑到现代人快节奏、高压力的工作方式，弱化理论性而注重实操性，是各级餐饮企业管理人员、营销人员必不可少的案头实操宝典，也可作为相关行业职业教育与培训的教程。

本书在编写整理的过程中，获得许多餐饮业界朋友的帮助和支持，在此对他们表示感谢！

方辉

2024年春

目录

Contents

上篇　餐饮企业营销模式

下 篇　餐饮企业活动策划

上篇

餐饮企业营销模式

第一章 餐饮企业广告营销

·章前导引·

广告营销是通过购买某种宣传媒介的空间或时间，来向公众或特定的市场中潜在的顾客进行推销或者宣传的营销工具，是餐饮企业常用的营销手段。餐饮企业广告营销一般可分为传统媒体广告营销和户外媒体广告营销。

第一节 传统媒体广告营销

传统媒体广告营销一般可分为电视广告营销、电台广告营销、报纸广告营销、杂志广告营销等。

一、电视广告营销

在了解电视广告营销之前，首先需要了解与电视广告相关的基础知识，以确定餐饮企业是否适合利用这一媒体进行广告营销。

（一）电视广告的特点

电视广告的特点如图1-1所示。

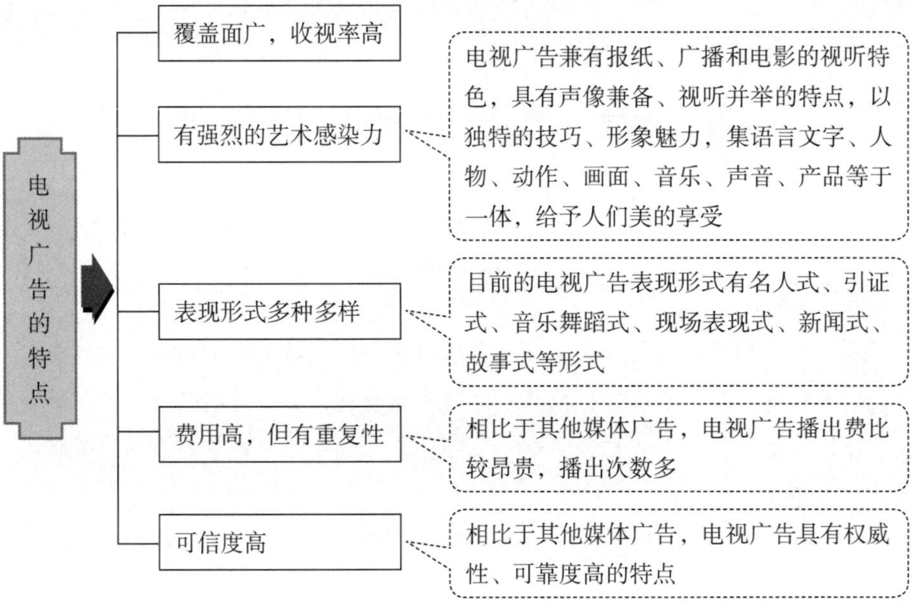

图1-1　电视广告的特点

（二）电视广告的优势

1. 视听相结合

电视广告不但可以向媒体受众介绍广告产品的性能和特征，而且可以形象、直观地将广告产品的款式、色泽、包装等特点展现在媒体受众面前，从而最大限度地使受众产生购买欲望。

2. 渗透能力强，效果显著

电视广告对观众而言为非选择性收视，信息记忆的强制性很高。电视广告不受空间的限制，传播迅速，能接触到大面积的观众，在同一时间内直接进入每一个家庭。

3. 吸引力大，感染力强

由于电视内容的丰富多彩和表现手法的多样化、艺术性，加之巧妙地把广告信息融入真挚的情节和感人的形象中，所以电视广告的信息比较容易记忆，让人印象深刻，具有较强的吸引力和艺术感染力。

4. 注意率高，影响面广

在日常生活中大多数人在看电视的时候相对比较专心，所以电视广告的被注意率较高。电视广告能覆盖广泛的受众群体，产生广泛的社会影响。同时，电视广告可以通过不同的节目类型和时段进行投放，以满足不同消费者的需求和兴趣，进一步提高广告的传播效果。

（三）电视广告的制作技巧

好的电视广告往往能在第一时间抓住观众的眼球，让观众跃跃欲试，这就需要一定的制作技巧，如表1–1所示。

表1–1　电视广告的制作技巧

序号	事　项	说　明
1	制造让人印象深刻的画面	电视是一种视觉媒体，你必须让你的画面表达企业的意思，画面显示的东西比企业说的更重要。广告词和画面必须互相借助，相得益彰。如果想让你的销售信息被观众记住，就必须使用足以给观众留下深刻印象的画面来完成这项困难的工作。字幕可以增加销售信息。把所有的广告内容都制成字幕，在画面上打出来。尽管每一名广告工作者都想努力做到这一点，但很少有人能够成功地将印象和销售主题联系起来。尽力将你独特的销售主张同强烈的视觉印象相关联，这会大幅度提高你的销售业绩
2	设计一个好的广告开头	当你的广告上演时，观众可能不会全神贯注地观看，他们可能正准备转换频道。广告开头若不引人入胜，观众就不会耐心继续看下去。因此，广告的开头一定要用一些有趣的或惊险的场景来抓住观众的注意力，使他们坚持把广告看完
3	尽量使画面和声响独特	将只属于你的品牌形象及与产品相关的音响效果搬上荧屏，这是品牌策略之一。比如，煮咖啡或者煎鸡蛋的声音能够增加广告的情感魅力
4	在每段结束处沉默片刻	声音的播放时间至少比画面短一秒，在图像播放前要留有半秒钟的沉默，而声音比画面早半秒钟结束。如果餐饮企业能通过这段抽象的表达摸索出广告的方法，使广告在开头和结尾都出现半秒钟的无声图像，效果就会更好

二、电台广告营销

电台广告传播极为迅速，活动的空间极为广泛，而且收费相对较低，同时也具有较大的灵活性，任何可以用声音来表达的内容，都可以通过电台来传播。无论是讲话、音乐或其他声音，不管其长度是3秒还是30分钟，都可以通过电台传播。与电视广告相比，电台广告的适应性要强得多，电台的各档节目都拥有各自的听众，这就为各类餐饮企业的宣传提供了良好的平台。

电台广告的局限性主要表现为受众过于分散、广播时间短暂、内容不够形象具体、对受众注意力的吸引不如电视广告。

【实战范本1】××餐饮企业电台广告

××餐饮企业电台广告

好消息！特色饮食店——全国著名餐饮连锁企业××——将在____月____日隆重开业。开业期××优惠大酬宾，欢迎惠顾！地址：××路××商厦旁，电话：________________。

（一）电台广告的特点

1. 传播及时

电台能够及时地把信息传送给听众。一方面是因为信息转换较简便，只要把声音变成电波，播出去就可以了；另一方面是因为接收信息较方便，无论在什么地方，只要有一台半导体收音机，就可以接收到广播电台发出的信息。所以，广播几乎不受截稿时间的限制，可以随时播出刚刚发生或正在发生的新闻信息。

2. 覆盖面广

听众可以不受时间、场所和位置等的影响、限制，随时随地收听广告。有的广播电台一天24小时连续播音，一个电台可以安排好几套节目，重要节目可以重播。这样既可以播送新闻，又能为文化生活等多方面提供服务。广播听众不受限制，只要有语言感知和理解能力，不用考虑年龄、文化程度等因素。因此，广播拥有广泛的听众并不稀奇。

3. 声情并茂

从人的生理反应角度看，听觉最容易被调动、激发。广播通过播音员抑扬顿挫、声情并茂的播音，能够调动听众的情绪。一些现场直播、录音报道，听众可以直接听到来自空中的信息，可以在声的愉悦中产生共鸣，在情的氛围中被同化，从而得到较强的传播效果。

4. 制作方便

电台广播节目的制作不需要较多的道具、设备，节目形式可以根据需要随时做调整，灵活性较大。或用变换语调的方式，或用对话混播的方式，或配以音乐，或穿插现场实况，或在“黄金时间”反复重播，等等。这些，对于广告节目的制作和播出，都是非常有利的。

（二）电台广告的制作方法

现在，许多电台都设有与餐饮行业相关的栏目，如美食推荐之类，有专门的记者负责餐饮美食类活动策划等。电台广告一般都由专业的广告制作公司制作，餐饮企业可以选择资质较好的公司进行合作。

三、报纸广告营销

报纸广告是指刊登在报纸上的广告，以文字和图画为主要载体向客户传递企业和产品信息。它不像其他广告媒体，如电视广告等受到时间的限制，其可以反复阅读、便于保存。

餐饮企业可以在报纸上购买一定大小的版面来宣传自己，并在广告上注明订餐电话、餐厅地址，以此吸引客户，达到宣传的目的。

某餐饮企业开业以来，生意长盛不衰，树立了良好的企业品牌。为了扩大营销，该企业在报纸上刊登广告如下：为了向广大食客提供更好的就餐环境、菜品和服务，经过两个月的重新装修、员工培训及菜品调整，将于××月××日以全新的形象开门迎宾。为了回报广大食客长期的厚爱和支持，开业一周内客人凭报纸广告可享受8折优惠。

开业的时候，70%的客人都拿着报纸广告来吃饭。本来该餐饮企业的价位就比较低，再打8折当然就更实惠了，于是生意火得不得了。虽然说过去生意也不错，但一个月营业额也就30多万元，而重新开业以后，第一个月的营业额就高达70多万元。

报纸广告是一种直观的表达方式，尤其是餐饮企业的广告，得图文并茂，一下就吸引人的眼球，这样才能在形形色色的广告中脱颖而出。

常见的制作报纸广告的技巧主要有八种，具体如图1-2所示。

1	标题醒目	标题的主要目的是吸引读者注意，使他的目光停留下来
2	开头诱人	开头一段进一步解释标题中传达的主旨。开头一段必须紧扣标题
3	正文清晰	广告正文应该阐释论点。列出最有力量的、能够说服读者的广告
4	版面明朗	广告的版面效果应该让读者感到愉快
5	画面加分	画面必须强化标题的主旨，应该向读者传达广告的核心
6	平实简单	广告文字不可浮华、空泛、冷淡，或者充满行话
7	顺应顾客	广告应该以顾客为中心，从顾客出发
8	目标对接	遵循“合适的产品、合适的目标”原则，确保广告的宣传对既定目标群体有吸引力

图1-2　制作报纸广告的技巧

四、杂志广告营销

杂志不仅满足了人们娱乐、信息与教育等的需求，同时也为企业的广告宣传提供了一个重要的阵地。

（一）杂志广告的特点

杂志广告具有以下特点。

（1）针对性强、专业性强，范围相对固定，即不同的人阅读不同的杂志，这便于餐饮企业根据目标对象选择其常读的杂志投放广告。

（2）信息量大，图文并茂，专栏较多、较全，且纸张比较精美，印刷质量高，对消费者心理影响显著。

（3）出版周期长，适用于时效性不强的广告。

（二）杂志的分类

杂志可分为专业性杂志、行业性杂志、消费者杂志等。由于各类杂志的读者群体比较明确，所以餐饮企业可以有针对性地选择合适的杂志投放广告。

（三）选择杂志刊登广告的步骤

1. 确定杂志的发行量需求

选择发行量大还是小的杂志是投递广告的第一步，也是至关重要的一步，因为这决定了看到广告的人有多少。可以优先选择这个地区发行量最大的杂志，不过，这也意味着广告费用将会增加，餐饮企业应该做好各方面的对比和取舍，选择最适合自己的杂志。

2. 明确杂志的阅读人数

这需要专门的调研小组或专门的调研公司来做，有些杂志主要靠网络订购，有些主要在机场或者报刊亭发行。杂志的阅读人数也可以从杂志的发行量中直观地看出来。

3. 确保杂志的读者与目标顾客相吻合

正如我们前面所说的，餐饮企业的广告需要明确的是目标顾客群，必须注意该杂志的读者与餐饮企业的目标顾客是否相吻合。

第二节　户外媒体广告营销

户外媒体广告营销一般可分为公交车车身广告营销、地铁广告营销、电梯广告营销、路牌广告营销等。

一、户外媒体广告的定义

一般把设置在户外的媒体广告叫作户外媒体广告。常见的户外媒体广告有路边广告牌、高立柱广告牌（俗称“高炮”）、灯箱和霓虹灯广告牌、LED看板等，现在甚至有升空气球、飞艇等先进的户外媒体广告形式。

《水浒传》中，景阳冈下那个不知名的小酒馆外“三碗不过冈”的小旗便是一则户外媒体广告。与不起眼的小酒馆相比，“三碗不过冈”的小旗十分醒目、充满诱惑。

二、户外媒体广告的种类

（一）自设性户外媒体广告

指以标牌、灯箱、霓虹灯单体字等为媒体形式，设在本企业登记注册地，利用自有或租赁的建筑物、构筑物等阵地设置的广告（含标志等），如图1-3和图1-4所示。

图1-3　自设性户外媒体广告（一）

图1-4　自设性户外媒体广告（二）

（二）经营性户外媒体广告

指在城市道路、公路、铁路两侧以及城市轨道交通线路的地面部分、河湖管理范围、广场、建筑物、构筑物和交通工具上，以灯箱、霓虹灯、电子显示装置、展示牌等为载体设置的商业广告。

拓展阅读

申请发布户外媒体广告需满足的条件

发布户外媒体广告是需要申请的，必须符合法律法规的规定。

（1）申请自设性户外媒体广告的，应具有合法的主体资格，并取得有关部门的设置批准文件。

（2）申请经营性户外媒体广告的，应为合法的广告公司，并取得有关部门的设置批准文件。

（3）申请自设性户外媒体广告的，应在设置所在地的市场监督管理局办理登记。

（4）申请经营性户外媒体广告的，应在设置所在地的市场监督管理局办理登记。

（5）申请户外媒体广告登记的，凡文件、证件齐全者，市场监督管理局应在受理后5个工作日内，办理准予行政许可或不予行政许可的手续。

三、公交车车身广告营销

中国人口众多，这决定了公共交通的绝对重要性和未来发达程度，同时，也给公交车车身广告的发展提供了巨大的空间。

（一）公交车车身广告的优势

公交车车身广告是可见机会最大的户外广告媒体，其具体优势如表1-2所示。

表1-2 公交车车身广告的优势

序号	优 势	说 明
1	认知率和接受频率较高	公交车具有流动性，所以公交车车身广告覆盖面比较广，认知率和接受频率也较高
2	具有提示（提醒）作用	公交车车身广告往往是在人们外出及即将发生消费行为时传送广告信息，对于将发生的消费有着非常有效的提示和提醒作用
3	投入少，效果好	公交车车身广告费用很低，发布时间灵活
4	广告作用时间长	公交车车身广告可以在相当长的时间内专门发布某一个信息。人们由于出行需要，不断往来于同一广告前，频频接收到广告信息，经年累月，就会留下极深刻的印象
5	灵活性强	根据所宣传的内容选择相应的公交环境，这有助于有的放矢地进行宣传，以同等甚至更少的广告费用发挥更大的实际效应。其他大众传媒或限于时段，或限于版面，或限于空间等，难以有针对性地进行市场选择
6	面向大众	公交车车身广告的信息是投向整个市场的，受众不会受到社会阶层和经济状况等条件的限制
7	具有一定的环境美化作用	公交车车身广告实际上就是一幅大型的图画，在构图、造型、色彩上都具有美感，这是报刊等媒体所不能比拟的。为了醒目，绝大部分广告都鲜艳夺目，艺术感很强

（二）公交车车身广告的发布形式

公交车车身广告的发布形式主要包括如图1-5所示的三种。

双侧形式	半车形式	全车形式
一般在两侧车窗以下范围	一般在车身两侧、车尾及车窗玻璃局部	一般在车身两侧、车尾及车窗玻璃局部、车顶等位置

图1-5 公交车车身广告的发布形式

四、地铁广告营销

随着中国城市规模的快速扩大，地铁网络得以迅速发展。地铁媒体在受众数量、受众质量以及媒体传播环境等衡量媒体价值的重要指标上得到有力提升，成为企业传达信息的有效媒介渠道。

（一）地铁广告的特点

地铁广告的特点如图1-6所示。

1	关注度高	据统计，乘客在地铁站内的停留时间平均为30分钟，包括候车时间4分钟、乘车时间26分钟。在这段时间内，他们会比较关注地铁广告
2	投放灵活，创意多	突破常规的灯箱形式，多种媒体组合，创意空间无限
3	视觉效果好	洁净舒适、无干扰的媒体环境，体现高端的品质和形象
4	覆盖面广	每条地铁线均为城市公共交通网络的重要组成部分，每日为数以万计的市民出行提供方便
5	接触频次密	相对稳定的上下班及购物人流，每天多次重复接触广告

图1-6 地铁广告的特点

（二）地铁静态广告的发布位置

地铁静态广告的主要发布位置如表1-3所示。

表1-3 地铁静态广告的主要发布位置

序号	发布位置	说　明
1	车厢内海报	在车厢内形成独特的广告环境，乘客在行程内全程接收广告信息
2	月台灯箱	位于地铁候车站台内，以高素质视觉效果展示信息，最适合发布新产品或树立品牌形象

（续表）

序号	发布位置	说　明
3	通道海报	位于地铁站通道内，是乘客必经之路，与目标受众直接接触，最适合产品短期促销
4	通道灯箱	位于地铁站通道内，除具备海报优势外，其超薄的灯箱外形、高品位的媒体形象有助于提升品牌美誉度，有效提高过往乘客的消费欲望
5	通道灯箱长廊	分布在乘客最为集中的几条通道内，与目标顾客有长时间的交流机会，使乘客印象深刻
6	月台灯箱长廊	最具创意性的轰动型媒体，创造独家展示的强势氛围
7	扶梯侧墙海报	位于电梯侧墙，直接面对出入口上下楼梯的乘客，价格便宜，是理想的促销位置，整条扶梯可以展示一系列产品，或者以一式多样的广告画面营造强烈的视觉效果
8	大型墙贴	位于地铁最精华的位置，展示面积巨大，适合知名品牌维护与品牌形象提升，是新品上市促销广告宣传的最佳选择
9	特殊位	位于地铁站出入口或者售票点上方，位置独特，面积庞大，非常醒目，适合品牌形象展示

（三）地铁视频广告

地铁广告不仅包括各种静态宣传画面，也包括动态视频广告。现在，地铁的站台与车厢内全都装有收视终端，编织成了一个庞大的播出网络，形成其他媒体无法比拟的广告平台，乘客无论身处地铁哪个位置都可以轻松观看。

五、电梯广告营销

（一）电梯广告的特点

电梯广告是户外广告的一种类型，因其针对性强、费用低，非常适合餐饮产品的宣传推广。它是镶嵌在城市小区住宅楼、商务楼、商住楼等电梯内特制镜框里的印刷品广告载体。

电梯广告是一种富有创意的非传统媒介，它能直接有效地针对目标受众传达广告信息。据测算，凡居住或工作在高层住宅楼的用户，每人每天平均乘坐电梯五次，电梯广告至少有三次进入他们的视线，这样高频的接触使其具有更好的传播效果。

（二）选择合适的电梯

现代城市高楼林立，电梯楼也越来越多，在既有效又经济的前提下，从众多的楼房中选择出合适的电梯作为推广场所也就显得尤为重要。具体要注意以下几点：

（1）选择的楼房应是入住率在80%以上的住宅楼或写字楼。

（2）根据当地电梯楼的数量、密度制定投放计划，一般情况下，应一次性覆盖2～3个区域、精选7～8台电梯实施投放。

（3）向该预选楼房电梯广告代理公司咨询广告投放的相关事宜。

（4）电梯广告因其针对性强，在操作时可考虑以美食外送服务为主。

六、路牌广告营销

（一）路牌广告的定义

路牌广告是指在公路或交通要道两侧，利用喷绘或灯箱所发布的广告，是户外媒体广告的一种重要形式。

（二）路牌广告的特点

路牌广告可以根据地区的特点选择合适的广告形式，可以对经常在附近活动的固定消费者进行反复宣传，使其印象深刻。

（三）路牌广告的分类

路牌广告可分为平面路牌广告和立体路牌广告两大类。平面路牌广告包括招贴广告、海报、条幅等。立体路牌广告则包括霓虹灯广告、广告柱及广告塔灯、灯箱广告等。

第二章 餐饮企业品牌营销

·章前导引·

餐饮品牌是对餐饮产品质量、服务水平、经营管理水平以及企业经营特色的一种承诺与保证，品牌一旦形成就会成为一种形象和荣誉，成为关于产品品质和企业声誉的综合评定。

第一节 餐饮企业品牌营销概述

一、何谓品牌

相信大家对麦当劳、肯德基、必胜客等相当熟悉，在了解餐饮品牌营销之前，首先需要对品牌有一个认识。

（一）品牌的含义

关于品牌的含义，可以先看看以下几种解释：

（1）品牌是消费者对产品、对生产该产品的企业全方位的复杂感觉。包括产品的质量、特点、企业形象、服务水准、企业理念、企业的亲和力等，涵盖企业宏观和微观的方方面面，形成消费者对企业和产品深入细致的了解。

（2）品牌是商品差别化的符号。这个符号让消费者产生的联想是具体的、美好的，是可以让消费者信赖并能够产生购买欲望的。

（3）品牌是企业文化的标识，形象是品牌的识别因素。人们可以通过品牌了解企业的经营策略、价值观、经营哲学。

可以这样说，在现代经济中，品牌是一种市场销售行为，销售市场的竞争就是品牌的竞争。品牌已成为企业产品的代名词，所以，没有品牌，就没有企业，更别说市场销售了。

（二）品牌的特性

品牌的特性，具体如图2–1所示。

1. 无形性：品牌本身只是一个名称或概念，并没有物质实体，它通过直接或间接的物质载体获得表现。品牌的直接载体主要是图案、文字、特定的符号、标记等。间接载体包括了与品牌相关的企业、产品价格、产品质量等，是市场和消费者心目中形成品牌的形象和特性
2. 排他性、专有性：品牌是属于品牌所有者的，法律保护品牌所有者。通常，保护手段主要是注册商标、申请专利、授权经营（换取品牌忠诚度）等
3. 持续性：通过持续的针对特定利益点的宣传，产品销售和产品使用，该品牌在公众心目中形成自己特有的形象和较高声望
4. 资产性：品牌是无形资产，能进行生产与交易，能产生价值。品牌的本质之一就是其具有获利能力，即它可以给企业带来丰厚利润
5. 双向性：品牌所有者以希望的品牌印象向消费者进行传播，但消费者所感知的品牌印象与品牌所有者希望的可能有很大不同。可以说，品牌是品牌所有者与消费者双方共同构建的
6. 传播性：由于品牌是双向性的，因而品牌必须通过传播才能建立。其传播的途径有产品、服务、媒体广告等

图2–1 品牌的特性

展创新的潮流，就能长久生存，不断获利。反之，则生存空间会越来越窄，终被潮流所淘汰。而要实现长久发展，树立一个好品牌是最根本的，谁的品牌受消费者欢迎，谁就拥有市场，谁就可能获利。在塑造餐饮企业品牌的过程中，采取相应的经营手段创建品牌，为餐饮企业打造一条制胜之路，培育强势品牌，已成为餐饮企业保持战略领先的关键。

随着市场消费从价格、品种选择为主向价格、品位、氛围、服务和品牌文化等综合型方向转变，选择性和理性化餐饮消费特点日趋增强，消费更加注重卫生、营养、环境、服务、特色、文化的需求。为满足个性化需求，人们追求品牌店、特色店和名牌餐饮企业消费的势头更加明显。

（二）品牌经营是提高餐饮企业竞争力的有效途径和集中体现

众所周知，品牌是企业重要的无形资产，具有很大的经济价值，但餐饮企业具有特殊性，属于第三产业的范畴，为社会提供的产品和服务具有即时性、无形性、多变性。

传统餐饮经营认为，企业的名称、商号是真正吸引顾客招揽生意的招牌，并将其视作经营中最有价值的竞争资源，比如仿膳饭庄、全聚德、东来顺等都是“老字号”企业的名称商号，代表着中国饮食文化发展过程中的遗产，体现着多元化的价值。它们在百年历程中赢得了一定的市场占有率，树立了企业的形象，享有较高的美誉，象征着身价和财富。

现代餐饮业竞争的方式不再是单纯的产品竞争、价格竞争、资金竞争、人才竞争、技术竞争、信息竞争、质量竞争、经营形式竞争、文化背景竞争、商号竞争，而转向具有高度概括性的品牌竞争。品牌在餐饮企业的发展与竞争中起着不可替代的巨大作用，不仅是商号、名称、形式、价格、历史、声誉、广告风格等一系列无形资产的总和，还包含产品品质、服务水平、创新意识、管理水平、人才结构、企业文化等丰富内涵。它是餐饮企业竞争力的集中体现。

（三）品牌经营将成为餐饮业竞争焦点和企业寻求发展的途径

为寻求解决餐饮业发展瓶颈的方法，现代餐饮企业把创建品牌提升到战略高度来认识，将品牌视作企业的灵魂和市场生命的体现。综观国内外大型餐饮企业的发展道路，都是把创建知名品牌放在战略核心地位。品牌经营也将成为餐饮业竞争焦点和企业寻求发展的途径。

三、餐饮企业的品牌体验现状与问题

（一）餐饮品牌感知质量差

良好的餐饮企业应当具备上餐速度快、性价比高、食品安全卫生等重要特点，这也是餐饮品牌建设的基本要求。而有些餐饮品牌很难与这些要求联系在一起。一方面，消费者的等餐时间过长，经常是一盘菜已经吃完另一盘还没有上来；另一方面，餐饮业口味和食品安全也难以得到消费者信赖，服务、卫生标准不到位，食品安全重视不足。作为一个餐饮品牌，其品牌名称、品牌标志等品牌要素都应能够激发消费者的购买欲望，而大量餐饮品牌要素缺少应有的特点，形象不鲜明，无法使消费者在看到品牌之后产生任何联想，从而做出购买决策。

（二）缺乏持久的核心产品

当前我国大多数餐饮企业仍停留在产品竞争上，并且企业缺乏自己持久的核心产品，餐饮产品质量不稳定。与西式快餐不同，中华饮食品种繁多、历史悠久，一直以来都以手工生产为主，饭菜的口味很大程度上取决于厨师，各个菜的成分配比没有标准，也没有统一的操作流程，即便同一个厨师每次做出的口味也不尽相同，烹调过程中个人的随意性和模糊性很强，科学化、定量化和标准化程度很低。中餐手工加工的特点给保证菜品质量的稳定性增加了很大的难度。

（三）品牌缺乏文化内涵

目前国内一些餐饮企业在创立品牌时，往往热衷于追求华丽的包装和浅显的外表，严重影响了其品牌的健康成长。国际知名餐饮品牌麦当劳用心打造了一个“开心快乐就在麦当劳”的形象。这些成功企业的口号脍炙人口，品牌的文化内涵深入人心。国内除了“不到万里长城非好汉，不吃全聚德烤鸭真遗憾”的全聚德和“服务至上、顾客至上”的海底捞等少数企业较为成功外，大多数餐饮品牌的文化内涵模糊，品牌口号不适合、不突出，甚至没有。

（四）餐饮品牌知名度低

我国餐饮品牌在知名度上与国外的强势品牌相比，有着巨大的差距。大多数餐饮品牌通常是一些地方特色，多停留在区域范围内，没有真正做到走向全国乃至走向世界，餐饮品牌知名度极低。

第二节　塑造餐饮品牌

一、品牌定位

品牌定位是餐饮企业开展市场销售工作的重要前提。通俗地说，品牌定位就是餐饮企业的产品或服务在目标消费者心目中的独特位置。

餐饮企业的品牌定位实质上就是餐饮企业自身所期望的形象（产品、服务或餐饮企业本身），目的是使其在消费者心目中的实际形象与餐饮企业所期望的形象相吻合或产生共鸣，这也可以说是餐饮企业引导和控制消费者心理的销售行为。

（一）品牌个性塑造

可以赋予品牌个性、意会、情感文化等，就像活生生的人，品牌具有非常丰富的文化形象与气质。为此必须把握以下几点：

（1）产品、服务有什么突出的特质、特征、特点。

（2）以谁为目标客人，他们有何种生活形态偏好。

（3）目标消费群体有何种心理个性。

（4）对你的产品、服务如何进行定位。

（5）对你的产品、服务如何进行人格化。

（6）人格化的形象广告如何让消费者产生认同。

把问题综合起来不难得出以下公式：

品牌性格＝产品+定位+个性

（二）品牌定位要素

品牌定位的要素包括目标市场、消费者心理、竞争环境、品牌独特性等，如图2–3所述。

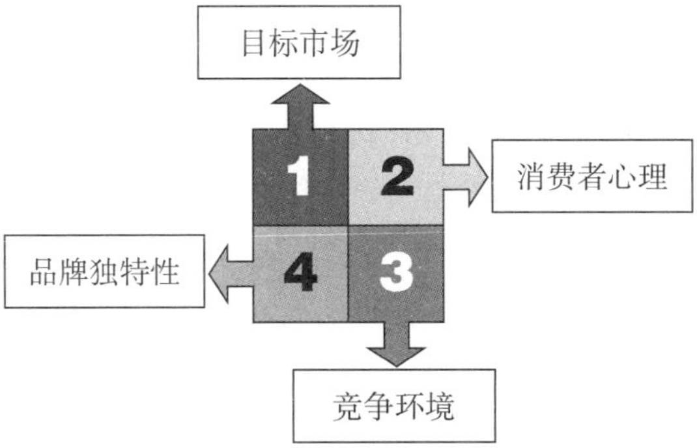

图2-3 品牌定位要素

1. 目标市场

品牌定位的一个要素是目标市场或目标消费者。只有选定目标消费者，并由此明确定位空间，才谈得上品牌定位。

2. 消费者心理

消费者心理是品牌定位的重要因素，只有了解目标消费者的心理，才能建立他们的心理空间；只有建立心理空间，才能进行品牌定位。建立消费者的心理空间，就是确定与消费者认知、动机和态度有关的定位维度（定位坐标轴）。因此，了解目标消费者现在的和潜在的认知、动机、态度，选择与此相关的、恰当的定位维度，是品牌定位的关键。

中式快餐巨头真功夫以营养健康为卖点。信奉“民以食为天”的中国人特别讲究饮食的搭配与营养的吸收。人们在快节奏的生活中要求采用无公害的绿色野生、天然原料进行科学烹饪、加工，要求保持菜肴原料的本色、原味。

麦当劳、肯德基等世界名牌快餐产品的营养问题已经引起人们的普遍质疑，其缺乏营养、热量高、容易上火、长期食用对健康不利等弊端逐渐被人们所认知，因此国人对洋快餐的追捧逐渐降温。真功夫抓住机会积极扩展市场，除了宣布“坚决不做油炸”，剔除所有油炸产品外，还推出各款营养食品，以满足人们对健康的追求。

真功夫以营养健康为卖点的原盅蒸饭和蒸汤，是典型的岭南风味：口味清淡，制作精细。尽管真功夫属于岭南饮食文化，但中国人大部分以米饭为主食，而目前快餐市场上像真功夫这样专注于“做饭”的快餐品牌几乎没有，蒸的做法以水为热媒，能保持食物原味、不上火，是非常健康的烹饪方式。真功夫的这一做法，恰好迎合了消费者的消费习惯，抓住了消费者的心理。

美味是中餐的共性，营养才是真功夫的竞争力所在。真功夫的品牌口号“营养还是蒸的好”和“80秒完成点餐”顺应了中国消费者对快餐便捷、健康的需求趋势，并与肯德基、麦当劳等洋品牌形成鲜明的市场区隔，一举击中洋快餐烤、炸不健康软肋，具有较强的差异化竞争力，初步完成对快餐市场蛋糕的“切割”。以消费者认可的方式来确定自己的竞争手段，正是真功夫能在竞争激烈的市场中取胜的主要原因。

3. 竞争环境

竞争环境是品牌定位的一个要素，因为进入目标消费者心理空间的品牌通常不止一个，品牌与其竞争对手之间是相互影响的，因此，品牌定位要分析竞争环境和了解对手的定位。分析竞争环境，就是选择一组竞争维度，比较品牌与其对手在每一个竞争维度上的优势或劣势，由此选择较能体现该品牌优势的竞争维度，再从中选出最重要的竞争维度作为定位维度。

4. 品牌独特性

品牌独特性或品牌差异化也是由品牌在目标市场的竞争所决定的。品牌在消费者心理空间有独特的位置，独特的位置是某品牌区别于其他对手的有特色或有差异的地方。品牌的特色定位或差异化定位，是品牌定位的关键。

二、品牌形象建立

餐饮企业要想塑造自身的品牌形象，首先就得了解品牌形象建立的相关因素。

（一）品牌文字

品牌文字是建立品牌形象的一个要素。品牌名称、品牌口号、品牌年度报告、品牌产品目录、品牌手册等文字都是建立品牌形象的重要手段。品牌文字的含义、读音和多义性，能使消费者对品牌产生认知和联想，并由此建立一定的品牌形象。

著名饮料品牌“娃哈哈”，其名称可以通过消费者的认知和联想建立以下品牌形象：

（1）特色形象：娃哈哈饮料具有适合儿童的口味和营养特色。

（2）利益形象：儿童从娃哈哈饮料中得到很大的满足。

（3）价值形象：让孩子愉快、幸福是中国家庭的价值观念。

（4）文化形象："娃"代表了浓厚的中国家庭文化色彩，同时谐音"哇哈哈"（一首20世纪60年代流行的新疆民歌的歌名），听起来有亲切感。

（5）个性形象："娃"体现强烈的人性——对孩子真诚的爱，"哈哈"具有强烈的感染力。

（6）对象形象（特征）："娃"表明品牌的市场对象是儿童。

（二）品牌标志

品牌标志是建立品牌形象的一个要素。品牌的标志图案、标志色和标志物以及品牌包装等，都是建立品牌形象的手段。

品牌标志自身能够创造品牌认知、品牌联想和消费者的品牌偏好，进而影响品牌体现的品质与顾客的品牌忠诚度。

品牌标志与品牌名称一样，都是用以识别某个销售者的产品或服务的。品牌标志能够引发品牌联想，尤其能使消费者产生有关产品属性的联想，从而建立起品牌与消费者之间的情感联系，对品牌产生认同，进而达到销售的目的。

（三）品牌传播

品牌传播是建立品牌形象的一个要素。品牌广告、品牌展览、品牌公关和品牌形象代言人等传播方式，都是建立品牌形象的手段。其中，品牌广告通过大众传媒进行传播，具有较高的传播效率，是重要的传播品牌形象的手段。

西安一家食品公司阿香婆香辣酱品牌形象的树立，与那则曾经轰动大江南北的广告有关。在广告里，姑娘说："用精选上等的牛肉和辣椒、芝麻、桂圆、核桃、花生、味素，还有冰糖……精心地熬（画面：锅里翻腾的热气），熬哇，熬哇，熬哇……"老太太说："哈哈，我熬成了阿香婆八珍香辣酱。""口口留香好滋味，就是我阿香婆。"这里，一个"熬"字将香辣酱制作的精心和功夫突出表现出来，同时与"媳妇熬成婆婆"联系起来，暗寓代代相传、历史悠久的地方文化意味。

（四）品牌销售环境

品牌销售环境包括很多方面。品牌销售的地点、建筑、场地、设施、工具、用品、信息资料、人员、客人、气氛等环境因素，都是建立品牌形象的手段。

销售环境在餐饮业中可以起到形象提示作用，如图2-4所示。

- 作用1　繁华的地段暗示饭店、餐馆的档次不会低
- 作用2　整洁的环境展现食品的卫生水平
- 作用3　新鲜而芳香的店堂空气展现所出售菜肴点心的新鲜程度
- 作用4　温暖宜人的气温、柔和的灯光和音乐、舒适的座位展现温情、细腻的服务风格，而强烈的灯光和欢快的音乐又展现热情、豪爽的服务风格
- 作用5　醒目的指示牌和印制精良的菜单展现精心设计的、周密的服务
- 作用6　店堂服务人员和在座客人语言举止的文明展现格调的高雅

图2-4　销售环境在餐饮业中的作用

比如，美国海特饭店通过艺术画廊塑造了一种品牌形象，而维多利亚饭店则通过箱形专用车塑造了一种品牌形象。

以上两个案例都体现了在餐饮企业的营销中，销售环境的重要作用。

（五）品牌活动

品牌活动也是树立品牌形象的一个要素。品牌促销、品牌公关等活动对品牌形象的建立起到重要的作用。

品牌活动的形式多种多样，包括但不限于新品发布会、主题活动、线上营销活动以及公益活动等。例如，新品发布会能让消费者更加关注品牌，并享受新品优惠，从而拉近品牌与消费者的距离；主题活动则可以根据不同的节日或特殊事

件来制定，让消费者感受到品牌的人性化关怀和热情，提升品牌的话题性和曝光度；线上营销活动则利用移动互联网平台，如微博转发、抽奖、短视频分享等，扩大品牌的受众范围，增强用户黏性，降低推广成本；公益活动则通过参与慈善事业，提升品牌的社会责任感和公众形象。

三、品牌设计

品牌设计也就是品牌的表现形式，主要包括品牌的名称及品牌标志，其次还有品牌说明、品牌故事、品牌形象代言人、品牌广告语及品牌包装等附加因素。餐饮企业的品牌设计就是针对餐饮企业品牌的形式或要素进行的设计。

（一）品牌设计准则

品牌设计的一般准则包括以下几点，如图2-5所示。

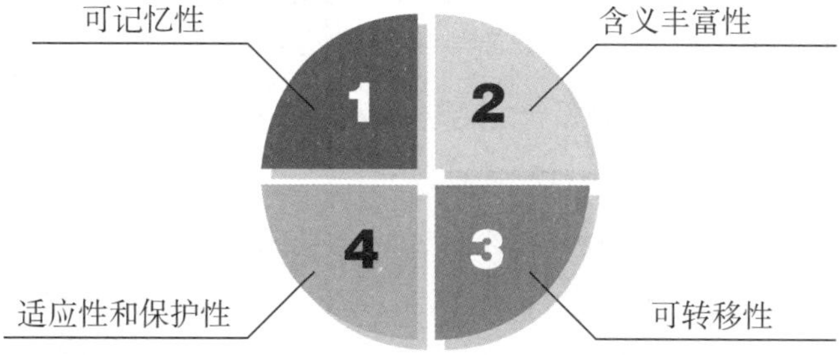

图2-5　品牌设计的一般准则

1. 可记忆性

可记忆性即容易让消费者记住和识别。记忆是认知的储存，即品牌资产的储存。容易记住和识别的品牌是品牌资产储存和使用费用较低的品牌。

如，Acer品牌名只有2个音节、4个英文字母，易读易记，符合可记忆性准则。Acer品牌名第一个字母A，在字母表排在最前面，第二个字母C也排在前面，这就有助于Acer在按字母排列的商业资料（如企业名录）中排在前面。而根据人们的阅读心理，一篇资料中排在前面的文字容易引起阅读者更多的注意，并容易给阅读者留下更深的印象。

2. 含义丰富性

含义丰富性即有品牌特色和品质的描述，有情趣，容易让人产生联想。品牌含义越丰富，品牌的信息量就越大，就越能更全面地满足消费者和员工对品牌信息的需要，给他们带来激励。

如，Acer品牌就是一个含义丰富的品牌：使人联想到高技术（芯片形状）、电脑的灵敏（Acer的拉丁语义）、宏碁在国际电脑市场“称王”的壮志（词根Ace的含义）。

3. 可转移性

可转移性即品牌能向不同的产品种类延伸和向不同的市场转移。品牌的市场可转移性主要表现为跨文化性，即能融入不同的文化。品牌是市场的语言，而市场总是要冲破文化障碍的，包括地区、国家、民族和社会群体之间的障碍，因此，品牌设计要有跨文化性。这一点在经济全球化的大背景下越来越重要。

4. 适应性和保护性

品牌设计的适应性即品牌设计能通过修改或调整适应市场的变化。

如，联想电脑的英文品牌原来是Legend，体现了联想创业阶段的“传奇”色彩。进入成长阶段的联想电脑将Legend改为Lenovo，其中“Le”仍然代表中文“联想”，而“nov”代表“创新”（Innovation），联想电脑试图以创新来适应电脑市场的变化。Legend（传奇）代表过去，而Lenovo（创新）代表未来，代表联想电脑对未来的憧憬（品牌理想，Vision）。因此，从Legend到Lenovo，是符合品牌设计的适应性准则的。

品牌设计的保护性是指产权保护性和设计难模仿性。

（1）产权保护性，包括品牌注册（拥有注册符号“®”和商标符号“™”）和防止品牌侵权。

（2）品牌设计的难模仿性。品牌设计的诸准则之间可能存在一定的矛盾，因为含义丰富的品牌可能在文化转移方面存在困难。

如，中国品牌全聚德（烤鸭）具有丰富而深刻的文化内涵，周恩来总理曾经这样诠释“全聚德”：“全而无缺，聚而不散，仁德至上。”像这样典型的体现中国传统文化的品牌就很难翻译成一个外文品牌（除了“烤鸭”以外）。

相反，含义不丰富的品牌的文化转移反倒比较容易。如，美国CocaCola品牌的取名与两种来自南美的原料有关，古柯（Coca）叶子和可乐（Cola）的核没有多少含义，而CocaCola的市场拓展——跨文化或国际化经营——倒比较顺利，没有遇到多少文化障碍，即使进入语言文字最特别的中国也十分通畅。CocaCola被成功地翻译成“可口可乐”，中文“可口可乐”不仅读音接近英文，而且含义的丰富性还超过了英文：“可口”的含义是口感宜人，“可乐”的含义是令人愉快。

（二）品牌设计要素

品牌设计要素包括品牌名称、品牌标志等的设计。

1. 品牌名称

品牌名称也就是指餐饮企业品牌的名字。

（1）品牌命名的原则。

餐饮企业品牌命名应遵循相关原则，具体如图2-6所示。

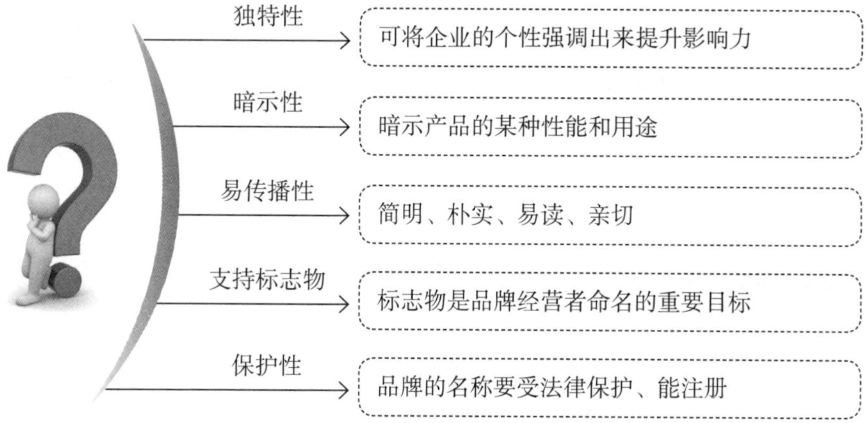

图2-6　品牌命名的原则

（2）品牌命名的步骤。

餐饮企业品牌命名通常包括以下几个环节，具体如图2-7所示。

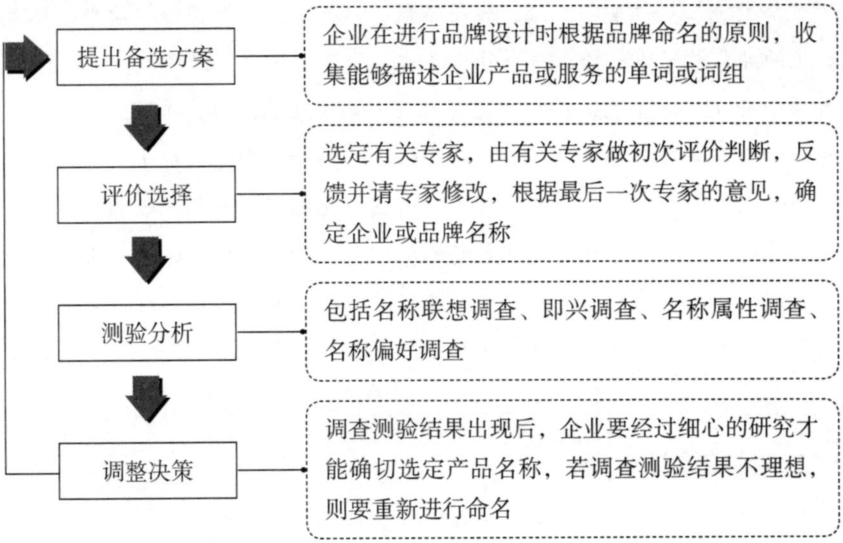

图2-7　品牌命名的步骤

2. 品牌标志

品牌标志包括标志的字体、标志的图案、标志的颜色及标志物。

（1）品牌标志书写。

中外品牌名的书写都可以成为一种标志和给消费者留下深刻印象。

如，海尔品牌名的书写标志是中文的草书，这昭示其是一个中国品牌，但又不乏洋气；并将其拼音“Haier”的最末一个字母r进行特殊变形。

（2）品牌标志图案。

品牌标志图案包括品牌的标志符号、图形等，一般是对品牌名的一种图解，以便让消费者记住和识别。

如，燕京啤酒的品牌图案是麦穗、酒杯和燕子，麦穗是啤酒的原材料，酒杯盛满金黄剔透的啤酒彰显其出众的品质，燕子图案代表着“燕京”。

（3）品牌标志色。

品牌标志色就是品牌的颜色标志，是对品牌内涵的一种外显解释。

如，蒙牛乳业的标志色是白色与绿色，白色代表牛奶，绿色代表内蒙古大草原及绿色食品，绿色与白色是对蒙牛品牌的最好诠释。

（4）品牌标志物。

品牌标志物，通常就是人物、动物、景物或动漫人物。许多标志物与标志图案一样都是图形，但标志图案是比较抽象的图形，而标志物是比较具体的图形。

如，快餐连锁巨头肯德基的山德士上校、麦当劳的麦当劳大叔，海尔的两个穿泳装的卡通男孩等，这些品牌的标志物设计都是成功的典范。

第三节　品牌营销要点

一、品牌营销之根本——质量

品牌在某种意义上是一种承诺，即关于品质的承诺、表现的承诺及某一特定水平服务的承诺。保持稳定可靠的产品质量是餐饮品牌营销的基石。餐饮企业的产品既包括有形的菜品，也包括无形的服务和环境氛围。因此，提高餐饮产品质量应当从这三个方面同时着手，从而不断提升餐饮企业的品牌形象。

（一）菜品质量

菜品质量控制主要包括三点，如图2-8所示。

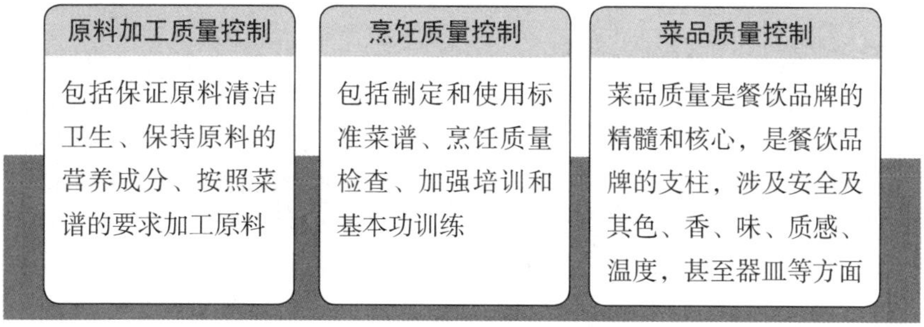

图2-8　菜品质量控制要点

（二）服务质量

随着社会经济的发展，人们的消费观念也发生了巨大的变化。如今，人们外出就餐，不仅仅是为了填饱肚子，更要求享受优美的用餐环境和优质的餐饮服务。美味可口的菜品必须配以热情周到的服务才能令客人真正满意。在接待服务过程中，服务分寸掌握得是否适度，直接影响到客人就餐的质量。有时，一桌很糟糕的饭菜令客人非常恼火，但是服务员热情、周到和恰如其分的服务会使他们转怒为笑。有时，一桌精美的食物令客人食指大动，却可能因服务员粗劣和蹩脚的服务，使得他们扫兴，从而招致投诉。

餐饮企业的服务规程，即餐饮企业的服务规范和程序，是餐饮企业服务的基本依据和准则。如图2-9所示。

01 必须符合餐饮企业的档次等级和管理目标

02 必须适应餐饮目标市场客源的需求

03 必须适应餐饮企业的经营特色

04 必须考虑零售、团购、会议、宴请等各类餐饮需求的不同特点

05 必须注意迎宾、引座、看台、跑菜、酒水、收银等不同岗位内容和操作要求，必须注意各环节的协调与衔接

图2-9　餐饮企业的服务规程

总之，必须使餐饮企业的服务工作达到服务行为的规范化、服务过程的程序化和服务质量的标准化。

（三）服务控制

1. 预先控制

所谓预先控制，就是为使服务结果达到预定的目标，在开餐前所做的一切管理上的努力；其目的是防止开餐服务中各种资源在质和量上产生偏差。预先控制的主要内容如图2-10所示。

人力资源的预先控制

物质资源的预先控制

事故的预先控制

卫生质量的预先控制

图2-10　预先控制的主要内容

2. 现场控制

现场控制指现场监督正在进行的餐饮服务，使其规范化、程序化，并迅速妥善处理意外事件。现场控制的主要内容如表2–2所示。

表2–2 现场控制的主要内容

序号	内容	具体说明
1	服务程序的控制	明确服务过程中各岗位职责，更好地控制服务部服务过程，使各岗位衔接更紧密，从而满足并超越客人需求
2	上菜时机的控制	根据客人用餐的速度、菜肴的烹制时间，掌握好上菜节奏
3	意外事件的控制	餐饮服务是面对面的直接服务，容易引起客人的投诉，一旦引起投诉，主管一定要迅速采取弥补措施，以防止事态扩大，影响其他客人的用餐情绪
4	人力控制	开餐期间，服务员虽然实行分区看台责任制，在固定区域服务（一般是按每个服务员每小时能接待20名散客的工作量来安排服务区域），但是主管应根据客情变化进行二次分工，做到人员的合理运作

3. 反馈控制

反馈控制就是通过质量信息的反馈，找出服务工作的不足，采取措施加强预先控制和现场控制，提高服务质量。餐饮企业服务质量的控制和监督检查是餐饮管理工作的重要内容之一。在餐饮服务系统中，部门和班组是执行系统的支柱，岗位责任制和各项操作程序是保证，其共同目的是给客人提供优良的服务。

（四）环境质量

相当多的餐厅在布置环境、营造氛围上下了很大的功夫，力图营造出各具特色的、吸引人的种种情调：或新奇别致，或温馨浪漫，或清静高雅，或热闹刺激，或富丽堂皇，或小巧玲珑；有的展现都市风物，有的显示乡村风情；有中式风格的，也有西式风情的，更有中西合璧的。从美食环境到极富浪漫色彩的店名、菜名，在客人大快朵颐之际，烘托起千古风流的雅兴和浪漫温馨之情。

1. 客人对餐厅环境的要求

不同餐厅的客人对餐厅环境的要求不尽相同，即使同一家餐厅，不同的客人对环境的要求也不相同，总体看来，客人对餐厅环境的要求有以下几个共同点，如图2-11所示。

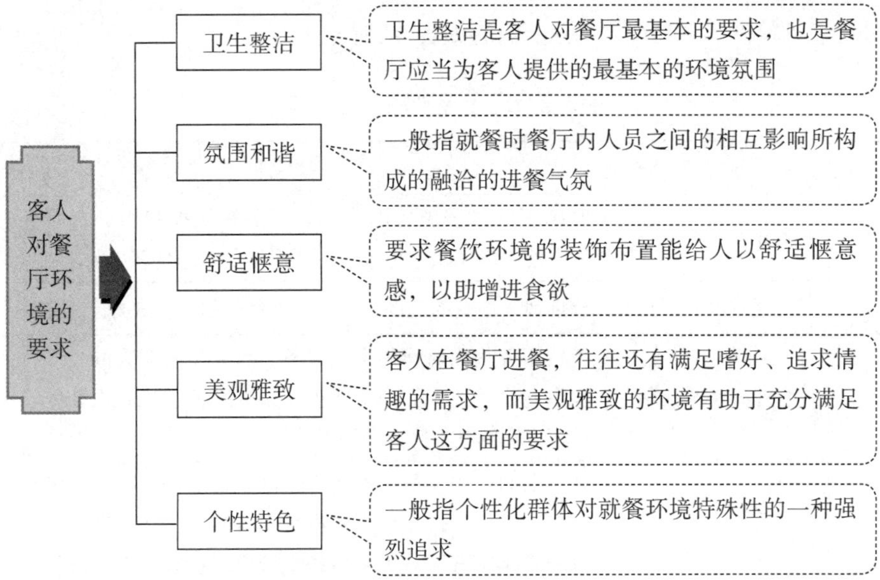

图2-11　客人对餐厅环境的要求

2. 餐厅环境处理

餐厅环境的处理表现在很多方面，大抵是餐厅名称的设计、餐厅空间的处理、餐厅家具与餐具的处理，具体如图2-12所示。

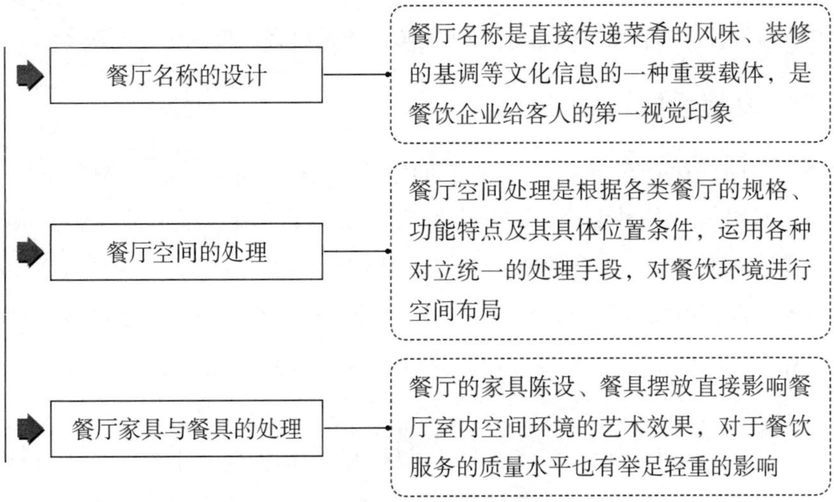

图2-12　餐厅环境处理

二、品牌营销之尺度——价格

一旦餐饮企业在市场上树立起自己的品牌，则与同类其他餐饮企业相比，其产品价格虽然更高，但仍然受到客人的偏好。同样是西湖醋鱼，杭州的老字号餐饮品牌“楼外楼”的售价虽然大大高于路边小餐馆，但客人仍然趋之若鹜。这就是品牌的力量。

当然，餐饮企业树立品牌后，并不一定意味着其产品就要卖很高的价钱，如在华东地区餐饮市场异军突起的杭帮菜就以家常菜的味道、平民化的价格在竞争激烈的餐饮市场中脱颖而出。具体选择以什么价格将产品推向市场，餐饮企业要考虑的问题是多方面的，既包括餐厅自身的档次、市场定位、生产成本，也包括餐饮市场的客人需求状况，还有竞争者的定价情况，等等。

（一）价格与品牌的关系

在餐饮产品的价格与餐饮品牌之间，存在着正相关关系。餐饮品牌的知名度和美誉度越高，餐饮产品的价格就可以越高；反过来，餐饮产品的价格越高并能长期为客人所接受和认可，餐饮品牌价值就越大。

1. 品牌决定价格

（1）品牌本身所具有的价值能帮助餐饮企业维持原有的价格水平。

今日在城市街头，随处都可以找到卖汉堡包的地方，既有便利店，也有专业小店。随着市场进入者的数量增多，汉堡包的市场价格一路走低，有的店甚至推出5元一只汉堡包加送一杯奶茶的低价。然而，麦当劳、肯德基等店的价格并没有受到太大影响，基本维持了原来的水平。

（2）品牌使餐饮企业运用价格竞争手段时更有效。即使受市场压力而被迫使用价格竞争手段，名牌餐饮企业的降价也能引起更大的市场反响，吸引更多的客人。

（3）价格竞争也包括提高价格策略，良好的品牌使餐饮企业有更大的提价空间，这一点对于帮助企业走出降价泥潭有非常重要的意义。

杭州一家著名酒店推出拳头产品“精品本鸡煲”，刚进入市场时定价为35元，随着餐饮市场的激烈竞争，不少餐厅酒楼实行了降价策略，这家酒店却逆向而动，非但不降价，反而将本鸡煲价格骤然提至150元。有人认为这是天价，一时间众说纷纭。但事实胜于雄辩，该酒楼的“精品本鸡煲”销售照样红红火火。这固然有利用客人心理的成分，但是该酒店的品牌是支撑这一提价策略的根本支柱。

2. 价格也是衡量品牌的标准

品牌与价格的相互支撑与制约关系需要发展地来看待，品牌形象的变化需要价格来支持，而价格的变化又会影响品牌形象。餐厅的营销行为不能孤立地处理这二者间的关系，需要将二者的动态联系以及与竞争对手的变化综合起来决定品牌与价格的实施策略。

（二）餐饮产品定价的原则和影响因素

1. 餐饮产品定价的原则

餐饮产品定价的原则如表2–3所示。

表2–3　餐饮产品定价的原则

序号	定价原则	说　明
1	价格必须反映餐饮产品的价值	餐饮产品的价格，由成本、利润、税金以及流通费用四部分构成。餐饮产品的定价应当是以上四部分的准确体现
2	定价必须适应市场需求	定价应随着市场供求状况的变化而变化。在价值规律的作用下，餐饮产品的价格总会围绕价值上下波动。因此，餐饮产品的定价应反映供求状况，以适应市场需求。供不应求的餐饮产品的价格可略高一些，供大于求的餐饮产品的价格应略低一些。当供求关系发生变化时，企业应对餐饮产品的价格做出及时的调整
3	定价应具有一定的灵活性	由于餐饮消费具有较强的随机性和季节性，餐饮产品的定价应具有一定的灵活性，因此，餐饮产品必须根据季节变化制定合理的餐饮产品差价。另外，由于各地区消费者的消费观念、消费习惯、消费需求、消费水平等存在差异，导致餐饮消费具有地区性的特点。这样，对于餐饮产品而言就应制定较为灵活并且具有弹性的价格，以适应消费者的要求，从而扩大客源
4	价格应保持相对稳定	餐饮产品的价格具有一定的灵活性，但也不能频繁地加以调整，因为餐饮产品的价格策略代表了该企业在市场上的形象，变化无常的产品价格会给顾客造成不稳定的感觉，甚至会挫伤潜在顾客的消费积极性，从而使需求量下降。因此，餐饮企业不能随意调整价格，而且每次调价幅度不宜过大（最好不超过15%）
5	定价应遵守国家的价格政策	餐饮企业在制定餐饮产品价格时要严格遵循国家的相关政策与法规，如《中华人民共和国消费者权益保护法》《中华人民共和国反不正当竞争法》等

2. 影响定价的因素

餐饮产品的定价决定餐厅的市场份额和盈利。影响定价的因素有很多，具体如表2-4所示。

表2-4　影响定价的因素

序号	影响因素	说　明
1	餐厅档次	餐厅的档次会直接影响餐饮产品的定价。同样的一份菜，在一般餐馆、一家三星级酒店和一家五星级酒店，其价格可能有着天壤之别。高档餐厅的服务以及环境比低档餐厅要好得多，餐厅的环境及服务是餐饮产品的有机组成部分，其价值理应反映在餐饮产品的定价之中，因此，即便是色、香、味、形、口感、分量等一模一样的菜肴，高档餐厅的定价也会比低档餐厅高
2	市场定位	市场定位是餐饮企业根据餐饮市场竞争态势，在客人的心目中为自己的产品寻求和确定一个最为恰当的位置的活动。餐饮市场定位以餐饮产品为出发点，其定位思路是针对餐饮企业潜在的顾客。也就是说，要为餐饮产品在潜在顾客的大脑中确定一个适当的位置。具体地讲，就是从各方面为餐饮企业创造特定的市场形象，与竞争对手的产品形成明显的差异，以求在目标市场顾客的心目中形成特殊的偏好
3	定价目标	餐饮企业定价目标主要有以下三类：生存目标、利润最大化目标、市场份额目标
4	市场需求	需求与价格之间的关系是非常密切的，价格的微小变动可能带来需求的变动，从而改变企业的销售水平并对销售目标产生影响；反过来，需求的变动同样会对价格产生影响。通常情况下，需求和价格呈反向关系，也就是说，价格越低，需求越多，价格越高则需求越少
5	成本	餐饮企业的价格在很大程度上是由需求限定的，即市场需求规定了价格的最高限度，超过这一限度，餐饮企业就会由于销售总量的减少而导致销售收入和总利润的下降。如果其他条件相同，那么餐饮企业的价格越低，就越能够吸引顾客，销售收入就越高
6	竞争对手	市场需求给价格规定了一个最高限额，而成本又为价格规定了一个最低限额，了解竞争对手所提供产品的质量与价格，有助于餐饮企业最终制定出自己的价格。如果本企业所提供的菜品、环境和服务与竞争对手相似，那么就可参照竞争对手的价格来定价，可以稍低些或与竞争对手一样；如果本企业的产品质量明显不如竞争对手，则价格只能定得低些；如果本企业提供的菜品、环境和服务都比竞争对手强，则可采取超过竞争对手的价格

三、彰显餐饮品牌个性

品牌个性是品牌所自然流露的最具代表性的精神气质，是品牌的人格化表现，对于餐饮企业来说是制造差异增强竞争优势的基本途径，对消费者来说是识别和选择产品的重要依据，是品牌竞争力的必然要求。彰显餐饮品牌个性建议从图2-13所示几个方面开展。

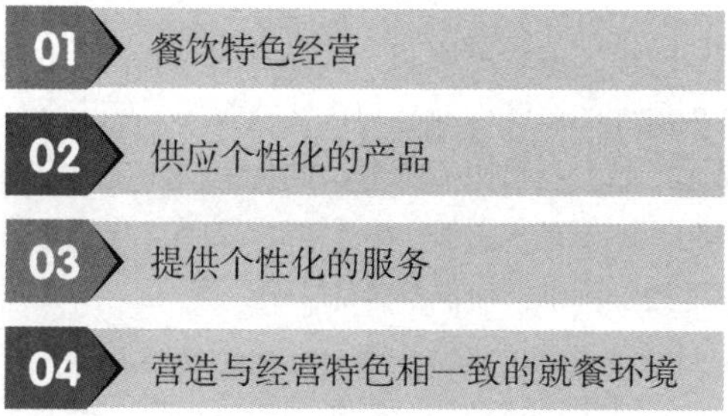

图2-13　彰显餐饮品牌个性的措施

（一）餐饮特色经营

餐饮业经营的定位是从消费者的需求和餐饮企业的功能定位做起的。一家餐馆的开设，首先要找准服务对象。根据周围顾客的消费习惯、品位、喜好等特点，结合本身所具备的功能与服务优势，与企业文化、管理思想、经营理念结合在一起，体现深厚的思想文化内涵，才能发挥特色对营销的促进作用，有针对性地设计饮食品种、布置就餐环境、营造文化氛围，确定经营特色。

标准化是餐饮企业特色经营发展壮大的保证。国内大多数餐饮企业存在着一种奇怪的现象，就是前厅服务的规范化、标准化与后台操作的模糊化。摆台要求精确到厘米距离，传菜按分钟计算，而食品菜肴的制作却全凭师傅的灵感。特色是餐饮业扩大经营规模、吸引顾客的主要方式，在这个过程中，就要求保持标准的高度一致性。这样才不至于使我们的餐饮产品因操作者不同而异，因时间、地点变化而异，餐饮企业应严格制定操作规程，规范操作程序，使不同时间就餐的顾客有着同一种感觉，使特色标准实现统一。

（二）供应个性化的产品

根据消费者的不同档次和要求，为其提供符合要求的餐饮产品。追求健康的饮食，采用绿色原料，注重环保。上海兴业路百草传奇餐厅的菜肴大部分使用高档的中草药调配，他们承古创新，将中华民族几千年的养生观念和百草文化延续到美食、茶饮中，却完全吃不出药膳的苦味，吸引了一批认同中华古老文化、追求健身养生的海内外食客。有的人刚下飞机，就直奔百草传奇餐厅，特地来品尝中国的草药养生膳食。

（三）提供个性化的服务

个性化服务是服务人员根据个人或特殊群体的特点、要求，提供相应的更有针对性、更有效的服务，使顾客在接受服务时产生舒适的精神心理效应。个性化服务要以顾客为本，并根据顾客层次及需求上的差异，对不同顾客采取不同的服务方式，包括就餐环境的要求、档次的要求、产品品种质地的要求、饮食禁忌及对服务方式的要求。具体而言，对于顾客进店后选座位、入座后的茶水、点菜习惯、对上菜速度和方式的要求、对菜品疑义的处理、餐碗布碟的撤换时机、结账方式以及用餐过程中意外事故处理等，服务员的言行都要体现服务的个性化。餐饮企业要体现人文关怀，重视对员工进行培训，要对客人真诚地微笑，行动轻手轻脚，及时满足顾客的要求。

（四）营造与经营特色相一致的就餐环境

个性化的餐饮产品和服务能满足消费者不同的个性要求，与其相一致的环境则可以辅助品牌个性的设计，起到锦上添花的作用。餐厅个性化的风格为消费者提供与众不同的就餐环境，体现自己独特的个性，以此吸引消费者。

四、凝练餐饮品牌文化

（一）餐饮品牌文化内涵

餐饮品牌文化是在餐饮品牌定位基础上，利用各种内外部传播途径形成受众对品牌的高度认同，从而形成一种文化氛围，继而通过这种文化氛围强化客户的忠诚度。它可以细化为外显文化和内隐文化两个层面，如图2–14所示。

品牌外显文化

即品牌文化的有形要素，它可以被消费者、社会公众和本企业内部人员直观地察觉和认知，包括企业名称、产品名字、菜单设计、餐厅环境、公关活动、品牌管理方式及营销方法等

品牌内隐文化

这是品牌文化的灵魂、核心，常常表现为围绕餐饮企业的经营管理活动所折射出来的理念气质

图2-14　餐饮品牌文化的两个层面

（二）餐饮品牌文化的特性

餐饮品牌文化具有餐饮产品两重性、市场竞争重点转移等多元化特性（如表2-5所示）。

表2-5　餐饮品牌文化的特性

序号	特　性	说　　明
1	餐饮产品的两重性	餐饮产品具有实物产品和服务产品相结合、生产与消费同一性、产品质量认定主观性等特征。因此，餐饮企业必须重视无形的服务，关注生产过程和服务过程，重视人的培训和人与现场结合的整体效果，同时，还应增强服务现场的文化氛围，加强顾客主观认同，消除由于服务产品的不确定性而带来的消极影响
2	市场竞争重点的转移	餐饮业的竞争重点在不断转移，由量的竞争到质的竞争，从价格竞争到促销竞争，反映了消费者需求的不断变化，更多的餐饮企业在经营开发和品牌培育方面的力度不断加大，在突出菜品、服务、技术、环境优势的基础上，更加注重价值文化营销和企业文化培育，市场竞争逐步向全方位和深层面转化
3	消费者对餐饮产品需求的变化性	消费者个性化消费日趋明显。人们的消费从价格选择为主向价格、品位、氛围、服务和品牌文化等综合型方向转变，选择性和理性化消费特点增强，由于餐饮产品的二重性，消费环境、服务态度、偶发因素等都会影响到消费者的购买行为，而事实上餐饮消费者往往更注重心理上的满足。因此，餐饮企业需要不断加强餐饮品牌建设，赋予产品文化内涵，从而提升顾客忠诚度

（续表）

序号	特　性	说　　明
4	餐饮产品的文化艺术性	餐饮产品在其形成与发展过程中，体现了丰富的文化与艺术内涵，如特色菜品与酒水讲究色、香、味、形等综合效果，良好的服务理念、服务方式、服务技能与服务程序能使消费者充分感受餐饮主题文化氛围与艺术效果。着眼于餐饮产品的文化和艺术价值创造，是餐饮企业充分满足消费者高层次心理需求的关键

（三）餐饮品牌文化建设的实施要领

餐饮品牌文化建设的实施要领包括实施标准化管理、树立诚信经营理念、丰富品牌内涵、强化以人为本理念、实行全员品牌管理等（如图2–15所示）。

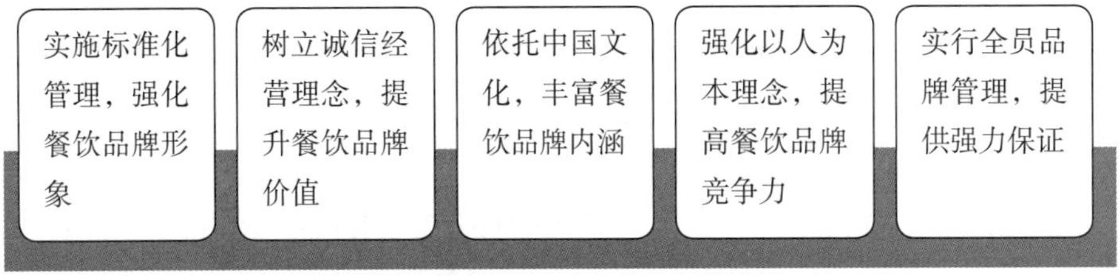

图2–15　餐饮品牌文化建设的实施要领

1. 实施标准化管理，强化餐饮品牌形象

标准化是保证服务品质的先决条件，餐饮产品具有无形性、不可储存性、竞争的不确定性、需求的变化性等特点，这些特点也决定了餐饮企业要真正做大、做强，标准化是基础和前提，不具备标准化的管理能力，就不具备真正的市场竞争能力，也就不可能在激烈的市场竞争中取得胜利。

2. 树立诚信经营理念，提升餐饮品牌价值

经营理念是餐饮企业运作的基本特色，是决定餐饮企业个性的重要组成因素，是企业竞争力的显现。餐饮品牌文化建设，首先应根据自身所处的地理条件、硬件构造等树立正确的经营理念。对餐饮企业而言，首先就是要诚信经营，诚信能够提升品牌价值，进而转化为企业的无形资产，从某种程度上说，诚信本身就是品牌。

3. 依托中国文化，丰富餐饮品牌内涵

对于任何一个具体的品牌来说，其物质层面满足的是消费者的物质需要，对消费者的吸引力是短期和有限的，而品牌文化能够让消费者形成长期的品牌忠诚度。中国的饮食文化源远流长，中国消费者对于中国的文化都是有共鸣的，因此，餐饮品牌文化建设要努力寻找品牌与中国文化的衔接点，增加品牌的附加价值，更好地传播品牌与中国文化带给消费者的心理感受和文化价值的认同，扩大品牌的影响力，以更快地占领市场。

4. 强化以人为本理念，提高餐饮品牌竞争力

品牌文化不仅体现企业家的智慧，更体现员工的智慧。在企业中，个别员工也许不是最优秀的，但他们作为一个群体，为企业创造了巨大的财富，正是靠着集体的才智，品牌文化才得以深化。餐饮企业产品是以员工服务为主体的，因此，更应以企业的整体性为前提，强调人的理想、道德、价值观、行为规范等本位因素在企业管理中的核心作用，强调“人本主义”，将人作为企业的第一财富和重要资产，通过各种措施来发挥人的主观能动性，实现企业的整体利益，追求企业的整体优势，提升餐饮品牌的竞争力。

5. 实行全员品牌管理，提供强力保证

品牌的根本要素是人，一个成功品牌的打造需要餐饮企业全体员工的参与，要求全体员工都必须有品牌管理意识，并坚持有意识地用自己的实际行动来维护本企业的品牌形象，即要进行“全员品牌管理”。事实上，餐饮企业的“大品牌”，很大程度上是由全体员工的“小品牌”有机集合而成的，每位员工都是外界了解企业的“窗口”，只有良好的个人素质形象才能传播良好的企业品牌形象，否则，餐饮企业的品牌形象就失去了其赖以生存的根基，成了无源之水、无本之木，尤其是餐饮企业服务人员的个人素质直接影响到消费者对餐饮品牌的评价和定位，更需要精心打造，容不得丝毫马虎。

案例

成就海底捞品牌文化的举措

海底捞打造出一种高效的情感型文化，其主要措施包括：

一、选拔培育有感恩之心的员工

海底捞员工对企业、对上级、对老师都有感恩之心，这是支撑海底捞高效率、高质量服务的根本。并不是每个人都善于感恩，所以，怎样招聘、培养和提升拥有这样特质的员工成为关键。海底捞在提拔某个人到重要岗位时，其老板张勇往往会到员工家里做家访，以确定该员工是不是真的具备企业所需要的特质。

二、营造大家庭氛围

情感型文化的核心理念是大家庭主义，即员工都以所在的组织为家，同事之间都培养出类似于兄弟姐妹之间那种亲密感情。海底捞鼓励员工介绍自己的亲人、朋友到海底捞工作，从一定程度上推进了这种家庭氛围。

三、鼓励员工全员创新，提出改进建议

海底捞员工按惯例会定期总结、讨论近期客户满意度情况，找出不足和差距，提出改进措施。有些好的改进措施，会在全公司推广，推广的方法是以提出该建议的员工的名字来命名该改进措施，这种激励效果是非常强大的。

四、员工自主决定权

海底捞通过有效的授权和放权来激发员工的自豪感和凝聚力。区域经理有百万元以上的自主决定权，普通员工能够根据情况判断，自主决定是不是可以给客人免费送一些小菜，甚至可以对不满意的客人免单，不会因向上请示耽误工夫，因而能及时避免顾客抱怨。这种自主决定权能使员工产生“企业主人翁”的自豪感，从而对这个“大家庭”的归依感会更加强烈。

五、拒绝“空降兵”，坚持内部选拔

海底捞设置了管理、技术和后勤两个晋升体系，让员工有充分的发展空间。更加重要的是，其管理者和重要岗位人员都必须从底层做起，从为客户直接服务做起（财务和工程岗位除外）。海底捞对“空降兵”很排斥，这也是能保持文化血统纯正的必要手段。但这种自己培养的方式会使人才聚集速度缓慢，成为影响海底捞扩张速度的最大因素。

六、传帮带的传统传承

每个新入门员工都会安排一个师傅，师傅负责把新员工引进门，企业文化的传递由此而达成。能够成为带徒师傅一定需要特别的资质，比如年资长、表现佳、与企业文化协调性良好的员工才能成为师傅，不至于使新入门员工受到不良舆论影响。

七、追求顾客和员工满意度，而不是利润

这一点是我特别佩服海底捞创始人张勇的地方，他做到了许多管理学大师做不到甚至想不到的事情。海底捞对每个分店的考核只注重两项：一是顾客满意度，二是员工满意度。因为在他的理念里，只要顾客满意了，员工满意了，利润不是问题。考核店长利润是不合理的，因为在做到高顾客满意度和员工满意度的前提下，利润就只跟大环境的好坏、店址等因素相关，而这些因素是店长没法控制或影响的。试问哪个公司不是把利润率当成考核分公司或子公司的首选指标？海底捞做到了，因此才有人说，“海底捞你学不会”。

八、弱化冷硬的制度流程，强化内部沟通和创新

海底捞的制度流程尽量不用文件的方式来下达，而是由带班班长或店长开会传达并展开讨论，对每项新制度、新措施的精神和理念剖析清楚，让底层员工明白新制度实施的原因和必要性。

第三章　餐饮企业O2O营销

·章前导引·

未来餐饮企业的商业模式，将会是全新的O2O模式，核心是线上线下的整合。通过这种整合，餐饮企业能够获得更好更高效的经营效益。

第一节　餐饮企业的O2O认知

一、O2O的含义

O2O即Online To Offline（在线离线，线上到线下），其概念源于美国，是指将线下的商务机会与互联网结合，让互联网成为线下交易的平台。2013年O2O开始进入高速发展阶段，开始了本地化及移动设备的整合和完善，于是O2O商业模式应运而生，成为O2O模式的本地化分支，餐饮企业的O2O也随之发展起来。

（一）O2O 模式的三大要点

O2O模式的三大要点如表3-1所示。

表3-1　O2O模式的三大要点

序号	要　点	说　　明
1	模式核心在于在线支付	在线支付不仅是支付本身的完成，是某次消费得以最终形成的唯一标志，更是消费数据唯一可靠的考核标准。尤其是对提供Online服务的互联网专业公司而言，只有用户在线上完成支付，自身才可能从中获得效益，从而把准确的消费需求信息传递给Offline的商业伙伴

（续表）

序号	要　点	说　　明
2	提升客户体验	进行O2O营销时，企业要从用户需求出发，提供更加方便的检索服务、具有特色的本地化产品和服务，或是有计划地组织一系列主题活动，激发用户参与的积极性、主动性和互动性，保持O2O平台的活力，以培养用户的忠诚度，同时对线下销售起到促进作用
3	真正打通线上和线下的有效整合	O2O运营企业要确保能为客户提供优惠的服务和准确的信息，联合商家开展各类促销活动，并且提高线下商家产品质量。商家要为消费者提供及时送货服务，这就要求商家具备很强的诚信意识，不能在O2O平台上欺骗消费者。同时，企业要维持线上线下经营策略的一致性，以及线上线下服务产品交付给客户的一致性，才能真正有效打通整合线上线下

（二）O2O 模式的特点

O2O模式最重要的特点是：推广效果可以查询、每笔交易可以跟踪。整体来看，O2O模式若是成功运行，将会达成三赢的效果。

对本地商家来说，O2O模式要求消费者网站支付或者在网站预订，在线上的支付信息会成为商家了解消费者购物信息的渠道，方便商家对消费者购买数据的搜集，进而达到精准营销的目的，更好地维护并拓展客户。通过线上资源增加的顾客并不会给商家带来太多的成本支出，反而会带来更多利润。此外，O2O模式在一定程度上降低了商家对店铺地理位置的依赖，不必为地理位置的偏远而发愁，只要价格实惠，加之网站的营销介绍，就会达到“酒香不怕巷子深”的效果，从而减少租金方面的支出。

对消费者而言，O2O提供丰富、全面、及时的商家折扣信息，能够快捷筛选并订购适宜的商品或服务，且价格实惠，最大限度地规避了消费者寻找餐馆所浪费的时间，帮助消费者有针对性地寻找心仪的就餐场所。

对服务提供商来说，O2O模式可带来大规模、高黏性的消费者，进而能争取到更多的商家资源。掌握庞大的消费者数据资源，可根据消费者的需求制定具有针对性的营销宣传策略，而且本地化程度较高的垂直网站借助O2O模式，还能为商家提供其他增值服务，更大程度地完善网站服务，增加用户。

对O2O平台本身而言，与用户日常生活息息相关，并能给用户带来便捷、优惠的消费保障，能吸引大量的黏性用户，对商家有强大的推广作用及可衡量的推广效果，可以吸引大量的线下商家加入。

二、餐饮企业O2O的含义

餐饮O2O是指利用互联网的方式把线上的用户引流到线下为餐饮商家带去客源，增加收入；或把线下的顾客引流到线上进行维护或客户关系管理，以延长顾客的消费周期，提高顾客的消费次数。

（一）餐饮 O2O 两个层面的含义

餐饮O2O有两个层面的含义：一个是互联网餐饮，指的是互联网企业为餐饮企业提供互联网化的应用，主要是营销层面的应用，典型的如团购网；另一个层面是指餐饮企业主动拥抱互联网，发展互联网化的应用，指的是餐饮企业主动应用互联网产品。

（二）O2O 模式与餐饮行业结合的可行性

O2O模式已经成为餐饮行业未来发展的必然趋势，在各方面条件都已成熟的基础上，谁要是先抢占制高点，谁就将在今后的餐饮行业电子商务市场中占有巨大优势。利用互联网所带来的便利，采用O2O的网络营销模式迅速吸引顾客，从而为企业带来经济效益。

1. 投资的必要性

自从互联网餐饮行业O2O营销模式出现以后，就以其便捷周到的服务、线上营销为顾客提供折扣实惠，受到广大消费者的喜爱，迅速占领传统餐饮市场。O2O网络营销模式优势显现，并产生了一大批依靠O2O模式成功的互联网企业，导致传统营销出现危机。经过近几年的探索，O2O运营模式逐步确立，运营经验也渐渐丰富，因此传统餐饮行业采用O2O营销模式势在必行。

2. 技术的可行性

生活水平的逐步提高、电子设备的普及，以及网络平台的不断完善与电子支付技术的成熟，为O2O营销模式的推广提供了技术的可能性，特别是移动互联网与电子地图技术的提高，为O2O提供了新的机遇。

3. 市场反馈的可行性

在互联网蓬勃发展的大背景下，在大众媒体的大力推广和宣传下，出现了一大批依靠O2O模式成功的互联网企业。现在美团网、大众点评网、糯米网等知名网站已经被消费者所熟知，知名网站的建构模式也日趋完善，店家加盟也更加方便。餐饮行业依靠O2O模式已被广大消费者所接受，并产生良好的带动效应，相信餐饮行业的O2O模式将会成为整个社会的主流，经得起市场的考验。

（三）餐饮企业 O2O 模式的关键

餐饮企业O2O模式的关键（见图3-1）是：在网上寻找客户，然后将其带到餐饮企业的实体店。它是支付模式和为餐饮企业创造客流量的一种结合，实现了线上购买、线下服务。这种模式更偏向于线下，更利于消费者，因为消费者是在线下享受服务，所以它更能让消费者在消费中感到踏实。

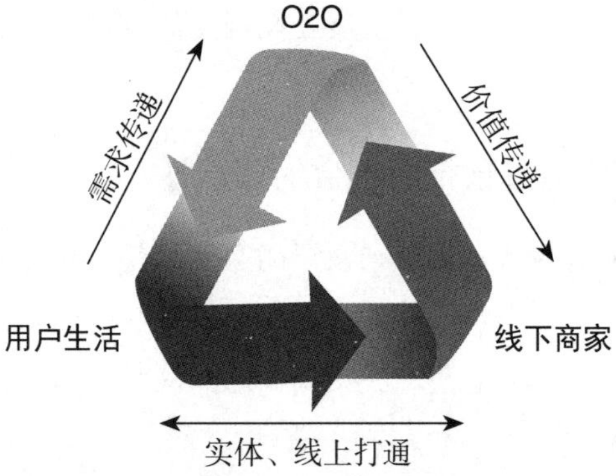

图3-1　餐饮企业O2O模式的关键

三、餐饮企业的O2O产业链

O2O模式已如火如荼地发展，O2O产业链已呈现在公众视野，“入口+服务+支付”为O2O的主要框架。

（一）入口

入口指的是线上的互联网入口，它从传统互联网延伸而来，有几种不同形式，如图3-2所示。

形式一	互联网平台化以后，每个平台的众多产品都有强大的用户群而产生群体效应，该产品便被称为“入口”，比如百度、腾讯QQ
形式二	有些产品不会聚拢人群，而其功能是不可或缺的，这也是入口，如支付宝等
形式三	随着一些线下企业的转型，其产品也在逐渐网络化，这同样可以称为入口，比如银行卡到网银的升级
形式四	人们使用互联网离不开数据传输，也就是离不开网络，这也是入口，如4G网络、Wi-Fi等

图3-2　入口的形式

从上图可以看出，这些入口不仅反映在互联网上，也是实现物联网的基础，而每个入口都适用于O2O模式，而O2O模式正是基于物联网。

（二）服务

餐饮企业的O2O是线上付款线下服务的典型代表，其服务的重要性不言而喻，只有做好线下服务，线上的O2O营销才能长远发展。

（三）支付

随着O2O模式的发展，平台化机制也越来越丰富，支付环节的重要性日益凸显。O2O模式的支付方式如图3-3所示。

在线预付	移动支付	到付
在实际使用和体验之前发生支付行为，如美团等	随着移动互联网的发展，人们更多选择通过移动端进行支付，如支付宝客户端	在货到之后或到现场之后付款，如百度外卖等

图3-3　O2O模式的支付方式

四、餐饮企业的O2O供应链

餐饮企业的O2O供应链有三种模式、四个建立难点。

（一）三种模式

餐饮企业O2O供应链主要有三种模式，如图3-4所示。

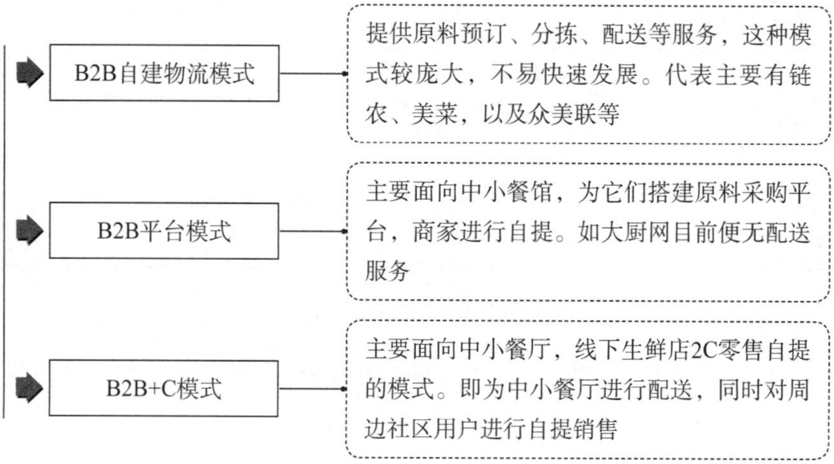

图3-4 餐饮企业O2O供应链的三种模式

（二）四个建立难点

餐饮行业是传统行业，本身有着很多弊端与行业传统，尽管移动平台能给餐厅带来很大的便利，但面向中小型餐馆进行市场开发时，仍有很大难度。建立餐饮企业O2O供应链的主要难点如图3-5所示。

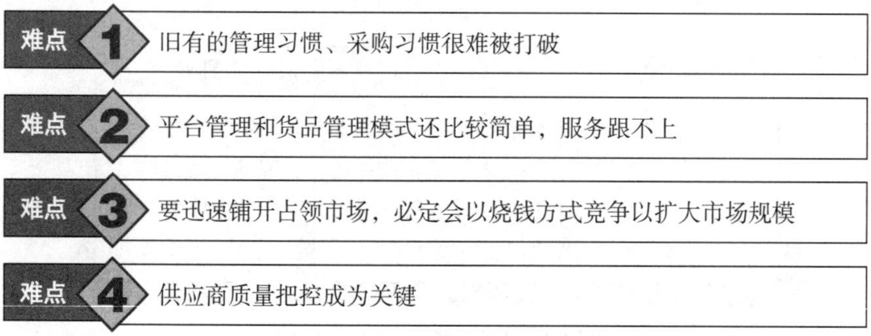

图3-5 餐饮企业O2O供应链的四个建立难点

对于餐饮业来说，这种面向B端的采购平台的出现，一定程度上解决了商家的痛点，提高了餐饮行业的运营效率。

五、餐饮企业O2O平台

餐饮企业的市场容量巨大，随着互联网的发展，O2O平台数不胜数，就其商业模式和运作类型的不同，可以分为十种类型，如图3-6所示。

① 点评类	最早一批以本地餐饮信息分类切入的互联网企业	如大众点评等
② 团购类	以餐饮团购为切入点	如美团等
③ 点餐服务类	以网上点餐为切入点，为用户提供线上点餐服务，商家自行配送	如饿了么、淘点点等
④ 第三方配送服务	切入点为外卖配送。自有配送切入，扮演搬运工角色，为餐厅增加服务半径，节省人力成本	如点我吧、到家美食会等
⑤ 预订服务类	以订餐、订台等服务为切入点，提供便捷的到店服务，实则为商家提供客户关系管理解决方案	如易淘食、大嘴巴等
⑥ 社交类	以美食分享和交友切入	如饭本、美食美刻、食遇等
⑦ 菜谱类	以菜谱切入	如好豆网、下厨房等
⑧ 健康塑身类	以减肥和健康切入	如Yota美食等
⑨ 新型品牌类电商	借助互联网思维和传播，迅速打造互联网特色品牌	如借助朋友圈“病毒式”传播，迅速建立品牌
⑩ 连锁品牌类	基于已有品牌的影响力和门店数，进行O2O转型升级	如俏江南、小南国等

图3-6 餐饮企业O2O平台的十种类型

第二节　餐饮企业O2O营销的运营

一、餐饮企业O2O的发展模式

（一）信息整合交易平台

以美团、大众点评为代表，扮演生态架构师角色，搭建平台，餐饮成为其本地化服务的其中一部分。

这是大众点评扬帆起航的地方，精耕细作10多年，积累了大量的餐厅点评数据，对市场培育做出了巨大贡献。现在点评模式已经成为标配的经典模式。

（二）餐饮团购

连续创业者王兴将美国的Groupon模式引进中国成立了美团，从此团购市场高歌猛进，一度开启“千团大战”模式，让整个餐饮市场全面接受最原始的餐饮O2O洗礼。如今，团购市场已经越发集中，前三名基本占据近80%的市场份额，餐饮团购依旧是餐饮O2O中的主要收入来源。

（三）餐饮外卖

由于饿了么的出现，一年超12亿元的交易额让互联网餐饮外卖得到行业的广泛关注，随后各大互联网餐饮巨头如美团、大众点评都积极跟进，阿里也成立淘点点切入外卖市场。

拓展阅读

美团外卖的经营模式

一、合作方式

合作方式是加盟代理。盈利方式则主要是流水抽成与外卖附加费。

二、美团外卖对入驻商家的要求

（1）商家必须是具备完全民事责任能力的企业法人或自然人，年龄在18周岁以上，高中以上文化程度。

（2）商家有一定的经济头脑，个人信誉和商业信誉良好，无不良记录，身体健康，有长期加入美团外卖的打算。

（3）商家认同美团外卖的经营方式和管理方式，能按照总部的要求办事，且能时刻维护美团外卖的公众形象。

（4）商家具备较强的服务意识，并且有一定的团队组建能力以及实体店管理能力。

三、美团外卖对商家启动资金以及店铺的要求

（1）入驻商家具备一定的经济实力，其启动资金不少于10万元。

（2）入驻美团外卖的商家有自己的线下实体店，且店铺经营状况良好，并配置了与店铺规模相匹配的外卖配送人员，能在最短的时间内将外卖送到每一位顾客手上。

拓展阅读

饿了么的O2O模式

一、业务结构

现阶段，饿了么的主营业务是小店外卖，面向中低端用户，产品价格在10～20元之间。未来将以更高的客户价格涉足中高端餐饮配送。

二、线下门店推广

线下推送团队超过100人，约占公司总人数的一半。曾有消息透露，饿了么的地推都是靠自己的团队完成的，交给第三方来进行会有许多不稳定的现象。

三、推进模式

饿了么的线下扩张模式不是基于城市，而是基于区域。每个区域会有

1～2人进行推广，同时会招几名短期兼职员工。这种模式能让O2O的使用范围更广，使用人数更精准。

四、物流配送模式

物流的配送也是O2O发展中的重点，饿了么在物流选择方面，也主要依据商品的配送速度和商品的保鲜程度来选择，尽可能满足用户对商品的需求。

五、盈利模式

饿了么平台的盈利方式，和普通的佣金不同，商家缴纳服务费就行。

（四）餐饮预订

网络餐饮预订是舶来品，典型代表是OpenTable。在2014年6月13日，美国在线旅游龙头公司PL宣布以26亿美元的总价格收购美国网络订餐平台OpenTable。这一消息让中国原本热闹的餐饮O2O领域再度升温，美团和大众点评等掀起了新一轮的餐饮O2O布局。

拓展阅读

浇汁拌饭的“预订式平价直配餐模式”

浇汁拌饭，从“预订式平价直配餐模式”切入，开辟新的市场空间。历时9个月，浇汁拌饭成功积累近万名用户且保持长期复购。

目前，其主要布局在写字楼附近，通过线下地推宣传，与公司客户达成合作，建立线上社群，逐步扩大顾客群体和品牌影响力。

一方面，消费者自己可直接通过小程序提前预约次日午餐；另一方面，企业可以预约团餐集中下单。

浇汁拌饭只提供工作日的直配午餐，且需提前一天预订，在竞争白热化的餐饮市场中略显“佛系”。但品牌认为，他们要做的是降低或去除不必要的成本，把真实的价格还给用户。

顾客通过小程序提前一天预约点餐，采购在24：00之前把所有菜品下单完毕，次日5：00由供应商现采直配到所有门店，11：00之前做好所有产品，12：00之前配送完毕。

其所用食材每日坚持现采，到店后现做，保证菜品口感和新鲜度。为了严格把控外卖品质和服务，冬天还采用目前市面上最保温的袋子保证菜品不会变凉继而影响口感。

掌单携手浇汁拌饭助力品牌模式全方位升级。

浇汁拌饭品牌运营负责人表示，预订模式是一个还没有被充分挖掘的市场，有很大发挥空间，可以充分发挥门店标准化作业、无限接近于零的耗损、统一多份直配等优势。

其一，选址和成本优势。小店模式把成本压到最低。

浇汁拌饭将门店开在美食城里面，相比堂食门店，这种小店窗口模式房租成本低，省下来的钱可以分配在多方面，平均每个月能开一家店。比如，省下来的钱用于引进更新鲜、高品质的食材和制作产品的人工费，把费用成本折算下来给到消费者，以往一份饭15元，现在只需12～14元。

其二，预订模式优势。降低耗损，平价直配。

按照预订模式，消费者提前一天预约并下单，门店能够清晰掌握次日订单量和需求，实现零耗损，提前合理安排工作量，也有助于节省人工成本。

相比传统配送一单只送一份，预订模式下，直配方式送餐可以实现一趟送四五份订单，一定程度上减少了配送成本。

不过，能否充分发挥这些优势，对于相对空白的预订模式来说，仅仅靠品牌还不够，仍然面临新品研发能力不足、推广影响力弱、产能不够稳定、系统紊乱等多种问题。

为了进一步优化流程和解决难题，浇汁拌饭和掌单展开合作，双方共同发力预订式平价直配餐赛道。

掌单凭借这10年多时间深耕餐饮门店收银系统、外卖代运营等业务，在客户梳理、用户画像、新品研发等方面积累了丰富经验。具体赋能为：

第一，扩大商圈服务范围。浇汁拌饭的门店基本围绕在写字楼周边半径3～5千米的范围内，而不属于区域范围内的用户无法点餐，只能通过已经开通的楼宇进行下单并前往自提。

“这是目前最大的不足，这会导致我们在选客户而不是客户选我们，继而丢失大批客户。”负责人说道。所以，双方合作后将开通同城配送，实现上海外环以内所有的点无缝配送。

第二，系统实现自动环节，增加产能。在订单批量处理方面，升级批量生产、打包、配送等系统环节，释放更大产能，未来实现单店产能达到千单甚至更高，服务于更多用户和更大市场。

在更智能化作业流程下，一方面让用户下单更便捷和顺利，另一方面不断提升门店对订单数据清晰掌握和处理的效率，以及次日采购业务。

第三，提供新品研发方向支持。浇汁拌饭研发新品不少于百款，上市前通过市场检验，支持率低于70%会被淘汰，也坚持根据顾客需求和建议做菜品研发，客户吃腻了就马上更新迭代。

在小程序上，其主菜有12～14款，小菜10余款，主食有米饭和面。价格上会根据订单量、采购成本而调整，如果订单量增加，从而使采购成本下降，平台则会相对降低产品价格。

而消费者日益变化的菜品需求，推动着餐饮品牌加速菜品迭代更新。在掌单赋能下，通过其对用户行为数据沉淀来梳理目标客群，继而升级品牌输出和提供新品研发方向支持。

掌单方面表示：“浇汁拌饭的业务、模式和目标客群相对垂直和深入。预订模式可以改变外送类型餐饮行业的成本结构，在不降低品质的前提下，真正做到可持续性的平价。同时，因为预订本身需要改变用户订餐习惯，市场目前尚未被挖掘，值得尝试。”

（五）美食交友

该模式是从互联网美食网站的探店活动演化而来。简而言之，美食网站或美食应用运营平台结合餐厅特色策划专门的美食交友活动，在线上招募美食达人进行试吃，在线下进行美食品鉴与交友活动。一方面，餐厅能够接触到网络中的美食达人，通过他们的美食文章、视频、图片等进行口碑传播达到营销宣传的目的；另一方面，参与活动的用户不仅能够品尝到美食，还能够结交到同城的吃货朋友。对美食平台而言，则通过主题交友活动策划很好地连接了商家与用户，不但能丰富线上的用户原创内容（User Generated Content，UGC），还能让用户社交关系更加紧密，提升网站的用户黏性与活跃度。

（六）私人定制

2010年春节期间，深圳一些五星级酒店推出了厨师上门当私厨制作家宴的服务，十分走俏。这是餐饮企业根据市场需求主动推出的一项服务，但终未形成规模。如今，移动互联网发展迅猛，结合基于位置的服务（Location Based Services，LBS）特性预约周边餐厅或酒店的厨师已经十分便捷。可能唯一存在的问题是到底会有多少人需要这样的私人定制服务，但该模式还是很值得尝试的。

特别提示

餐饮O2O已经是大势所趋，线上线下也在加速融合。无论餐饮企业是借助餐饮O2O平台来进行营销推广，还是自建微信公众号或App进行服务提供与关系维护，二者都是相辅相成的。无论O2O将要走向何方，线下永远是根本，产品与服务体验才是用户最看重的地方，这才是真正凝聚用户实现落地的地方。而线上的发展则能帮助产品和服务获得更大范围的传播，影响更多的用户。

二、餐饮企业的O2O营销方式

对于餐饮企业来说，开展O2O模式的电子商务主要有三种方式，如图3-7所示。

方式一	自建官网+连锁餐厅，消费者直接在餐饮企业的网站下单购买，然后线下体验服务，在这过程中，餐饮企业需提供在线客服
方式二	借助第三方平台，实现加盟企业和分站系统完美结合，并且借助第三方平台的巨大流量，迅速推广带来客户
方式三	建设微信公众平台，通过平台开展各种促销和预付款形式，线上销售线下服务

图3-7 餐饮企业的O2O营销方式

案例

小南国：漂亮的营销组合拳

目前，小南国的核心品牌包括“上海小南国”“慧公馆”“南小馆”以及“小小南国”四个品牌。小南国以这种多品牌策略，通过多样化的品牌组合，迎合更多层次的市场需求。

另外，在O2O营销上小南国也是积极投入。一是整体升级POS及CRM系统各接口，提高与外部线上平台的对接能力，有效地了解到客流数据；二是结合统计数据采用优惠券或代金券预售与预约管理模式，不仅避免了用户用餐过程中临时购买带来的收益损失，而且有效地提升了空闲时段的接待能力；三是与银行共建Wi-Fi网点，通过线上进行产品的营销和推荐，避免线下培训麻烦以及服务员积极性不够的状况，解决了以前餐饮营销棘手的问题。

通过与O2O平台深度合作，除了可以推广品牌和进行营销之外，还能有效解决客服的问题。粗略计算，小南国一年的客流量在600万人以上，只要其中有一小部分人打400座席电话，整个应答成本就会非常高。后期400座席还要分配投诉单去核实、反馈，这个过程也很复杂。不过现在能通过第三方平台分享到很多准确的数据，一旦有了投诉，投诉了谁，谁就负责去接单，最后交出报告，沟通成本通过这个平台来解决，变得非常低廉。

小结：小南国的成功之处在于其漂亮的营销组合。一方面，它对自身产品有清晰的定位，采用多品牌策略满足不同客人的需求，且适应形势打通各餐饮系统接口，在大数据基础上加强内功修炼；另一方面，小南国加强了与第三方平台的合作，制定了有效的营销策略，很好地利用了就餐时段以及点菜的空闲时间，帮助提升了销售额。而这一切其实都是建立在小南国对用户就餐数据的统计分析基础之上，才能做出有效的客户管理与营销决策。

三、餐饮企业的O2O布局

与传统的消费者在餐厅直接消费的模式不同，O2O模式的消费过程由线上和线下两部分构成。线上平台为消费者提供消费指南、优惠信息、便利服务（预订、在线支付、地图等）和分享平台，而在线下餐饮企业专注于提供服务。在O2O模式中，餐饮企业的布局可分为五个阶段，如图3-8所示。

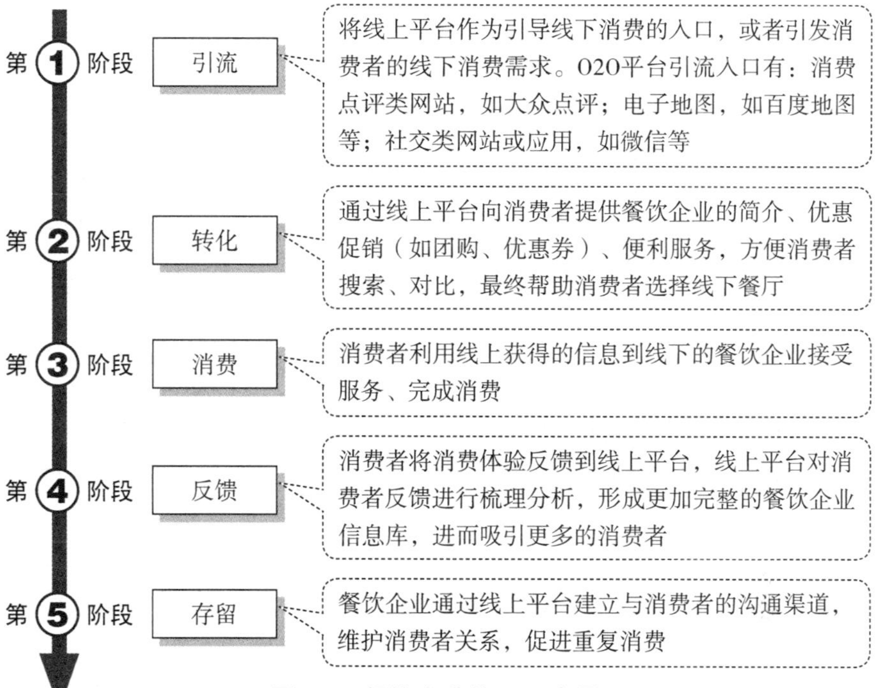

图3-8　餐饮企业的O2O布局

案例

将太无二：把用户体验做到极致

选址一直是传统商家开店的一门大学问，选址好坏直接影响商户的人气和盈利。但是，将太无二却用互联网平台破除了选址的魔咒。

2008年，将太无二在北京开出第三家连锁店，但是这家门店非常隐蔽，选在了瑞士公寓的地下通道处，位置偏、人气低。楼上楼下很多连锁品牌甚至国际品牌的餐饮店都是开了关、关了开，很是惨淡。但是将太无二却将该店打造成了一个每天流水几万元的高人气餐厅，究其原因就在于其真心实意地将用户体验做到了极致：

（1）从新店营销上来说，将太无二很好地利用了美食社区中的达人口碑。创始人邢力亲自利用美食社区资源组织了很多活动，经常与网友一起聚会，一段时间后该店生意越来越红火，口碑营销初见成效。

（2）积极与线上平台合作，加码电子优惠券等产品提升新店人气，吸引了不少新用户持优惠券到店消费。连同这一新店，各个门店都出现了排队等位的现象，优惠活动营销提升了绩效。

（3）重视用户差评，追根究底找原因。将太无二某个客人盈门的分店因为一个消费者差评就停了业进行关门整顿，然后整个管理层开会讨论，总结不足，并在停业当天只接待这一桌写差评的客人。从此，将太无二的员工对于消费者的评价更是“奉为圭臬”，每天看客人的点评已经成为店长们工作的一部分，一种生活习惯，大大提升了将太无二的口碑。

从一开始的电子优惠券产品到推广、团购、优惠券等组合营销产品，将太无二成为京城响当当的创意料理餐厅，在全国开出10家连锁店之外，还将门店开到了海外，其中光团购一个月平均成交金额就高达500万元。但是，营销总归是外功，内功还是产品与服务。只要努力把用户体验做到极致，那么由用户口碑带来的价值将会令人吃惊。

四、餐饮企业O2O的发展策略

（一）摆脱价格战，真正实现餐饮闭环O2O

餐饮O2O要发展，要被消费者认可，必须实现餐饮闭环O2O。闭环的实现需要餐饮平台将线上与线下完全结合，达到线上提供需求、线下解决消费的相互转化，建立起安全、可靠的数据体系。线下商家通过平台让消费者认知、了解，消费者则通过平台确认在线下商家的消费过程及结果。与此同时，平台对于餐饮商户则要实现信息管理闭环，帮商户打通线上、线下障碍，对不同类型的餐饮商户实施统一化管理模式，为商户创造出营销驱动型的信息化管理模式。针对不同类型消费者设计出个性营销方针，以此促进商家、消费者之间的沟通互动，提升品牌忠诚度，让消费者产生依赖感、归属感，创造出以“消费者是上帝”为宗旨的完美社区。

（二）提高服务质量，打通线上线下环节

服务是否良好是消费者选择餐饮商家的重要因素，有效地提高餐饮O2O的服务质量是其良好发展的关键之一。

从线下就餐角度看，商家可提供特殊化服务来提高顾客对餐饮商家的消费

依赖，同时与平台合理沟通寻求建立完善的支付退款体系，增强顾客消费信任。让消费者享受无差别的服务、价格及菜品，随时随地通过网络预约菜品、点单、支付账单。平台应极力鼓励商家创新，加大市场差异化，制定不同特色的经营策略。在餐品外送方面，如何准确、及时地把新鲜美食送到顾客手中是需要平台、商家解决的重要问题之一。面对用餐高峰期、交通状况不良、送餐地点分散等众多因素，餐饮商家应及时增派有经验的送餐人员进行送餐，无经验的则需要进行有效的培训、考核。如若是商户自身问题，理应提前与平台沟通，暂时关闭当日外送服务。同时餐饮平台也应推出一些扶持商家的活动，面对送餐量大的商户，平台予以补贴奖励。对于大型餐企，平台可提供物流方进行配送。如若消费者等待时间超长，平台可为消费者发放红包补贴来补偿消费者的损失，及时在线下联系告知消费者菜品的配送走向，重视消费者的用餐体验。

（三）杜绝欺骗，建立诚信机制

不少消费者的传统观念认为把资金无形地放在网络平台上风险性大，同时在网上购物不能确定商家是否能够诚信发货，双方之间存在着不信任感。因此建立有效的餐饮O2O诚信机制迫在眉睫，要让消费者相信商家，商家相信餐饮O2O。餐饮平台对加盟商家资质需严格把关，可与相关部门合作建立一个完善的检测审核系统，检查商家的资质是否达标。同时平台应完善自身的支付系统，与第三方支付合作的同时应确保资金流转的安全性，努力构建一个低成本、高效率、安全性高的支付体系，真正地确保消费者支付的安全。

（四）严格把控安全环节，打造食品安全体系

目前外卖O2O就食品卫生问题频频爆出“黑作坊”“黑食物”现象，这表明建立有效的食品安全体系刻不容缓。线下商家在经营过程中应保证食材供应商源头以及食材采购、仓储、加工等各个环节的透明化，这是保障消费者的饮食安全，也是提升商家自身信誉的有效前提。餐饮平台作为消费者与商家的沟通桥梁应尽到监管义务，严格审核商家营业资格及食品来源，定期把关菜品制作流程，防止偷工减料现象产生。如果用户在餐饮平台中出现饮食问题，平台和商家都应该担负起相应责任。必须让消费者真实了解餐厅合规的生产及流通过程，提升消费者的就餐信心，努力建立一个连接生产、检验、监管和消费各个环节的食品安全链体系。

五、餐饮企业O2O成功要诀

餐饮企业O2O要取得成功必须坚持出品为本、用户为王、效率为先、体验为上、数据驱动这五大原则。

（一）出品为本

出品为本就是要保持持续、稳定的出品质量。衡量餐饮行业成败的重要标准为是否拥有回头客。一般而言，如果餐厅拥有回头客，便是成功的。回头客越多意味着餐厅受肯定的程度越高，也就代表着餐厅的生意越好。因而，餐饮行业必须提供良好的菜品以让头回客变成回头客。

餐饮企业如果要维持经营，就必须保证出品质量。从互联网思维来看，出品为本包括打造让用户尖叫的产品、让产品做到极致甚至超出用户的预期、产品营销让好产品自己去说话三个方面。

一般的大众餐饮菜品少则七八十道多则两三百道，但雕爷牛腩总共只有十二道菜，雕爷牛腩十分注重出品这一点是业内共知的。

雕爷牛腩在开业之前，请了四位五星级酒店大神级的厨师为其研发菜品。酒店餐饮是酒店的配套服务设施，不以餐饮为盈利业务，往往不惜代价打造最优质的菜品和服务，对厨师厨艺的要求也十分高。雕爷牛腩便是以最高的代价、最讲究的星级酒店主厨级的水平来研发其菜品，因此其菜品往往能给人们以超级惊喜。

雕爷牛腩有一个岗位叫首席体验官，专门负责在微博、微信跟用户互动并收集消费者声音。在门店开业之前，他们便邀请了大量不同行业的人群参与封测、听取意见，甚至雕爷牛腩很多菜名都是网友取的，这在无形中给了粉丝极强的参与感和荣誉感。这一点值得餐饮业内同行借鉴，通过邀请用户参与菜品研发，并在研发过程中听取他们的意见以打造符合其需求的菜品。这样的菜品必然会适应消费者的要求，在市场竞争过程中拥有超强的生命力。其不管是菜品研发过程还是整个餐厅氛围设计都是为了制造超出消费者预期的体验。

（二）用户为王

用户为王是以用户为中心的思想贯穿企业从品牌经营到企业经营的各个环节。互联网时代打破了信息不对称的状态，消费者被互联网赋能拥有越来越大的权力。有一句互联网流行语叫“得屌丝者得天下”。屌丝强调的不仅是一种状态，更是一种心态或者说是一种气质。

中国互联网行业的“得屌丝者得天下”，体现在餐饮行业里便是门店小型化、价格亲民化的趋势，这些都是目标客户的变化，它更多地强调心态与气质。

（三）效率为先

餐饮业要从本质上提高效率，必须实现由提升运营效率到提升结构效率的转变。

运营效率是指在现有模式框架不变的情况下进行调整以改善餐厅的不足之处，如怎样让餐厅服务做得更好、让菜品价格更低等，这种方式提升效率的速度比较慢，通常情况下能达到10%就已经相当不错了。

结构效率则是指通过改变原有餐厅的经营结构体系实现其效率的大幅度提升。餐饮行业中有厨师的餐饮与无厨师的火锅、快餐的竞争；有传菜员的传统火锅与无传菜员的呷哺呷哺的竞争；有标准化、有中央厨房的餐厅与无标准化、无中央厨房的餐厅的竞争。这些都属于结构效率的竞争。

餐饮企业开展O2O模式，须将消费者的力量纳入餐厅的经营模式中，从百货一对一的服务模式转向超市的自助服务模式，以减少服务员、提升效率，这就是结构效率的提升。

（四）体验为上

餐饮是一个以体验和服务经济为主的行业，它以消费者的主观感受为衡量标准。餐饮不像传统制造行业存在客观的数据检测标准，因此餐饮企业必须善于制造超出消费者预期的体验和服务。

海底捞最擅长制造超出用户预期的服务体验，其在传播自身品牌和服务的过程中，有一些非常经典的案例值得餐饮企业学习和分享。

曾经有消费者夏天在海底捞吃火锅，果盘中的西瓜量比较大，消费者未吃完想带走，却被服务员拒绝了。当消费者结账时，服务员送了他一整个西瓜。这个西瓜带给消费者非常大的震撼，这便是超出预期消费体验带来的效果。还有一次，一顾客抱着婴儿来吃饭，海底捞的服务员马上推出一张婴儿床。当时该顾客便将此照片传至网上，并且此照片在网上迅速传播开来。这便是消费者主动传播产生的效果，这种超乎用户预期的服务体验让海底捞的好口碑快速传播。

（五）数据驱动

这指的是通过互联网平台对用户基本信息、产品使用次数、就餐习惯等进行收录，在后台形成自身数据库，根据用户群体画像，结合大数据进行分析，凭借真实客观的用餐数据，精确定位，切实触及目标客户群进行符合自身顾客群的营销。

餐饮行业大数据的价值不在大，而在于挖掘和预测的能力。网上订餐系统通过与ERP、CRM的结合能够清楚地看到餐厅整体的运营状况，其中包括单项菜品的消费、估清情况、消费者到店频率等。借助大数据的处理，餐饮企业能够更加深刻地了解消费者，更加深入地分析消费者。

餐饮企业需要一套针对餐饮企业需求及运营管理的整体信息化解决方案。通过连锁信息化系统，将连锁企业的网上点菜、外卖及微信餐厅等产品及研发、采购、中央厨房、物流配送、门店经营、营业数据汇总分析、会员管理等统一起来，实现连锁企业统一标准、分散经营、异地管理、集中决策。系统信息化涵盖门店经营的各个管理环节，让餐饮企业管理经营更加直接、高效、有针对性。

【实战范本2】中国餐饮O2O成功案例

中国餐饮O2O成功案例

从互联网到移动互联网，一般情况下，往往是互联网公司以导流平台、软件开发或电商服务等角色，首先吹响餐饮O2O进化的开战号角，其后，一批先知先觉的实体企业开始着手信息化和电商化的转型与升级。在此介绍9个餐饮O2O的创新案例。

【案例一】室内导流：淘点点（布局iBeacon+餐饮导购）

创新关键词：微定位、室内导航

案例简介：背靠阿里巴巴，虽说起步相对较晚，但淘点点（如图3-9所示）通过联手银泰和高德，基于iBeacon技术的Shopping Mall餐饮导购项目，也体现出阿里不甘落后的决心，中国餐饮O2O网曾对此做过深入报道。淘点点的“微定位+室内导航”双重技术结合应用，进一步向商业体渗透，银泰商户成为“手机餐厅”，便于提升用户体验和导流客源的同时，有利于维系老用户关系，提高黏性，并快速获得大量的新增用户，是多赢的合作模式。

图3-9 淘点点订餐界面

点评：在移动互联网领域，平台导流不应仅仅停留在户外或商场餐厅环境、地址、菜品、优惠等信息提供和远距离导航层面。试问，当用户进入商场中，面对诸多的餐厅，如何让用户更快、更精准地找到目标餐厅呢？平常逛商场时，想吃饭，不进店也可以了解商场内不同餐厅最新的菜品或优惠活动？淘点点所推室内微定位更精确地解决诸如商场、机场等大型消费场所内客户就餐的选择问题。

【案例二】平台深耕：饿了么（餐饮O2O平台、市值5亿美元）

创新关键词：餐厅管理系统、业务后台系统、实体延伸

案例简介：饿了么（如图3-10所示）是中国最大的餐饮O2O平台之一，是中国专业的网络订餐平台，致力于推进整个餐饮行业的数字化发展进程。

图3-10 饿了么订餐界面

饿了么整合了线下餐饮品牌和线上网络资源，用户可以方便地通过手机、电脑搜索周边餐厅，在线订餐、享受美食。与此同时，饿了么向用户传达一种健康、年轻化的饮食习惯和生活方式。除了为用户创造价值，饿了么率先提出C2C网上订餐的概念，为线下餐厅提供一体化运营的解决方案。

作为餐饮O2O专业化平台，饿了么可分成网站系统、移动端应用、在线支付系统、业务后台系统、餐厅管理系统、统一的系统数据库平台、统一的系统服务集成接口。饿了么并不是简单的线下和线上相互转移模式，而是完整的服务链条。

点评：饿了么平台并非单纯的餐饮平台的导流模式，在前端聚合信息的基础上，重在通过“业务后台系统”和“餐厅管理系统”线下扩展到实体餐饮企业日常运营管理。在诸多餐饮商家意识、人财物等方面不健全或不具备O2O条件下，饿了么深耕实体，在传统企业电商化改造方面应该颇具实际意义。

【案例三】智能终端：我有外卖（牵手小米生活）

创新关键词：外卖机、小米生活、智能生态体系

案例简介：我有外卖（如图3-11所示）是一款方便快捷的手机订餐叫外卖的软件，用户使用我有外卖的手机客户端，通过GPS定位功能，搜索周边的外卖商户，即可方便快捷地下单。

2014年2月我有外卖正式登陆上海，目前平台商家既有美食快餐，也有便利超市、周边生活服务。产品口号是："手机订餐食在方便。"我有外卖提供最全中西式、日韩式等美食，便利超市及周边生活服务，专注于满足各类消费者的即时外卖外送需求服务。

在小米科技、深创投，以及91助手前CEO胡泽民注资之后，我有外卖与小米顺其自然地开展深度合作，部分地区已经进驻小米生活，小米用户可以直接在小米生活上对我有外卖平台下单。

图3-11　我有外卖订餐界面

点评：如果单纯通过应用创新并不足以"服众"，但若是与小米生活"智能体系"对接，从单纯地服务于餐饮企业发展到接入小米生活，连接小米个人或家庭用户，以小米过千万的粉丝和小米生态布局为背景，则我有外卖将拥有非常大的想象空间和发展潜力。

【案例四】去中介化：觅厨（即食料理包+菜品配送）

创新关键词：去中介化、厨师前端化、多元互动

案例简介：觅厨（如图3-12所示）于2014年8月在北京成立，是一家以提供大厨烹饪菜品与即食调料包为特色的O2O企业，与快递合作配送，用户只需在家完成最后一道加热程序。厨师是餐饮幕后的英雄，貌似与各位食客经常性绝缘，二者之间无法形成直接的关联。觅厨则突破传统，不拘一格，将厨师从幕后推到台前，为厨师提供了展示的平台，将他们烹饪的菜品真空分装，最后以包裹的形式通过冷链送达用户，并让厨师与食客的互动更多元化。

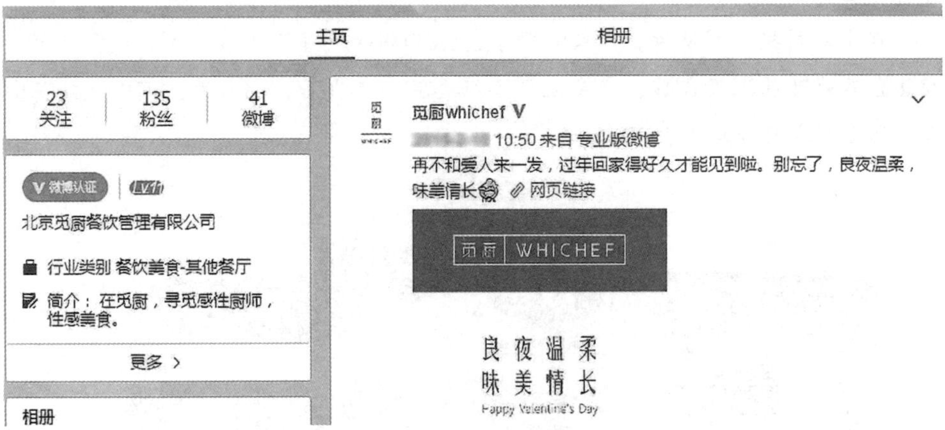

图3-12　觅厨的微博

点评：觅厨敢于打破传统产业链规则，搭建平台，暂且放下评价体系不谈，让深藏不露的厨师以真实的身份示人，与食客互动。切实分析其尊重人性的思维模式，不失为一种餐饮界的创新，厨师不再只是为餐厅“卖艺”，更能将一身的“好厨艺”市场化，开发了厨师的劳动力，这本身就是一种非常好的创新。

【案例五】物流整合：到家美食会（重模式外卖O2O）

创新关键词：自建物流、品质递送、对接京东

案例简介：到家美食会（如图3-13所示）成立于2010年，是国内领先的网络订餐、送餐一站式服务平台，专注于与知名餐厅合作提供外卖订餐服务。

到家美食会自建重度垂直的物流服务系统，消费者可通过到家美食会网站、手机客户端或呼叫中心，从周边知名特色餐厅订餐，并由到家美食会的专业送餐团队配送。其间，到家美食会注重服务效率和品质，在满足食客对于菜品温度、

口味、时间等方面“苛刻”要求的同时，借此打造到家美食会的核心服务优势。2014年9月初，到家美食会获得京东及晨兴创投领投C轮融资，除了再次得到资本认同和支持外，还与京东快点有机整合，结合其餐饮O2O领域更为严格的配送标准业务体系，解决“最后一公里”问题，获得更大的延展空间。

图3-13 到家美食会网页

点评：到家美食会自建物流体系以保障餐饮O2O线上到线下的平稳落地，无形中与京东模式具备异曲同工之妙，从京东大电商的战略层面理解，投资到家，物流整合，这种非常巧妙的整合，也体现出到家美食会与其他类似物流型平台的差异化发展。客观来讲，借助京东系的庞大客流和资源的支撑，到家美食会在更快捷地健全线上平台的条件下，挖掘物流价值，再次体现餐饮O2O方面的创新。

【案例六】营销创新：叫个鸭子（话题式营销）

创新关键词：话题营销、好吃好玩、口碑传播、用户思维

案例简介：叫个鸭子（如图3-14所示），2014年火爆北京城的互联网餐饮外卖品牌，成立于2014年1月，是由一群从事互联网及媒体行业、热爱传统美食的“85后”发起创建的，主要以自制秘方烹制的鸭子为主打产品，以及鸭子周边的美食。该品牌最特色产品秘制鸭子并非传统烤鸭的做法，而是另辟蹊径，采用新配方新做法。鸭子主材来自河北白洋淀，是无催化的生态鸭。鸭子采用精心研究的秘制配方腌制而成，造就独一无二的味道，香而不腻且纯天然不含任何添加剂，让传统美食焕然一新。

图3-14　叫个鸭子的微博

对吃很讲究的叫个鸭子团队成员决定用行动投身鸭子事业！他们的理念就是用最好、最安全的食材，规避传统烤鸭油腻且吃法复杂的短板，保证了菜品本身食材的一级品质，不要油腻脆皮、不要多盐蘸酱、突破传统，用互联网思维做新鸭子！

鸭来了、鸭子走了等各种“敏感”，撩拨用户心弦，让大家无尽地遐想，给人第一感觉就是“炒作”。经了解，叫个鸭子并不是一个花架子，靠卖弄风姿取悦市场，而是始终重视用户体验，菜品口味优化、高效递送和客情维护，一个功课都没有落下。

点评：餐饮O2O创新并不一定要应用什么高精尖的技术，抑或高大上的商业模式，当O2O在餐饮行业应用阶段，只需在做好产品和服务的基础上，做好营销创新也可以争得一席之地。叫个鸭子借助“用户思维”抓住话题热点，不断创造新意，激活兴奋点，通过用户或自媒体人等媒介口碑，快速扩大品牌影响力的同时，并未忘记菜品和服务才是餐饮的根本，浮夸却不浮躁，才铸就了今天的成果。

【案例七】大数据化：金百万（O2O转型思考逻辑）

创新关键词：会员系统、客户数据、线上营销

案例简介：金百万（如图3-15所示）以会员为基础，以大数据为支撑，通过“门店辐射+会员服务+线上营销”的方式去扩大市场，以更亲民的价格接近用户，以烤鸭立足品牌传播点，通过不同于传统烤鸭的方式去拓展新的盈利途径。在日均客流高达3万～10万的情况下，金百万做O2O突破点在于做好会员系统和数据挖掘。据称，金百万坐拥百万会员，会员的重复消费率达到80%以上。

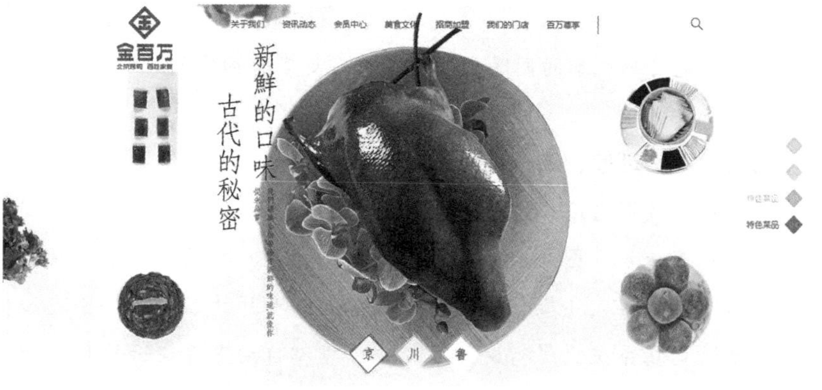

图3-15　金百万网站首页

点评：任何餐饮企业从来不会出现为客群爆满而发愁的境况，金百万坐拥百万的客流优势，首先考虑的不是从外界捞取多少新客户，而是先把客户数据留存下来，及时掌握动态数据，通过汇总、归类、统计和分析，满足客户需要和挖掘需求潜力，从而持续性优化运营。金百万以开放心态拥抱互联网，具有前瞻性的商业视野，深刻认知大数据的无穷价值，借助线上营销实时对接，迅速地完成信息分发和消费回流，对于许多优质的餐饮企业来说不无借鉴意义。

【案例八】App点餐：那些年（点餐无服务员）

创新关键词：削减成本、服务信息化

案例简介：那些年（如图3-16所示）引导客人下载“二维火”点菜或叫外卖，鼓励领取会员卡进行充值，到店时客人可自行翻阅手机菜单，一键下单，吃完一键买单。在客人通过App点完菜后，餐厅前台会有“叮”的一声响，便有前台服务员前去查看，经过前台审核后就可以正式提交。

图3-16　那些年点菜单

点评：那些年借助App培养用户使用手机点餐或叫外卖习惯，一方面，有利于优化服务和结算的人工成本；另一方面，有利于扩展菜品呈现度，通过App更为灵

活丰富、即时多变的展示，更容易吸引客人多多尝试新菜品。一言以蔽之，那些年在节约餐厅消费前端成本的同时，还给予客人更多自由空间。

【案例九】数据运营：五味（用互联网管理厨房）

创新关键词：数据思维、移动支付、用户反馈、菜品优化

案例简介：五味（如图3-17所示），每天只供应八个菜品，每个菜品对应一位厨师，从客人的下单、（微信）支付、评价，到餐厅的采购、现金流入和流出等所有经营活动均在系统上进行，所有相关数据都自动保存在云端且不能更改，如此一来，投资者便能够及时监控店面的整体运营状况。积极触网，本业不忘，据中国电子商务研究中心了解，五味为了强化食客的黏性，成立了名为“吃货研发中心”的研究机构，专注于菜品的研发和优化，旨在做足基本功。

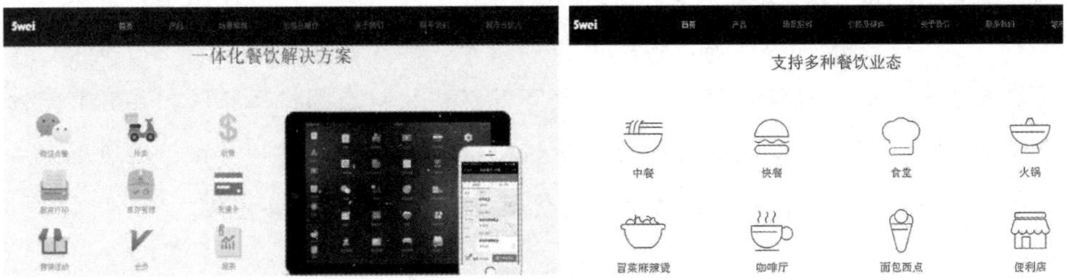

图3-17 五味官网

点评：五味在“吃货研发中心”不断优化菜品的同时，通过系统化铺设，掌握关键性运营数据。在投资人与管理者相分离的情况下，五味的系统性创新做法并非旨在监测和监督，而是将原本隔断的信息透明化，在规范餐厅经营管理者和员工的行为的同时，切实找到不足，并予以持续优化。

当然，餐饮行业O2O创新案例远不止这几家。从餐饮行业O2O的发展和进化历程来看，各种的创新才刚刚开始。在未来两三年中，中国餐饮O2O将逐步走入电商化的深水区。一方面，电商平台将百花齐放，更为疯狂地跑马圈地；另一方面，在经历互联网洗礼之后，更多餐饮企业将更加主动触网，联合互联网公司构建O2O体系以完成转型升级。

第四章 餐饮企业微博营销

·章前导引·

微博通过井喷式的发展，逐渐成为企业营销和公关的重要平台。餐饮企业利用微博做企业产品的营销推广具有无可比拟的优势和商业价值。微博不仅为餐饮企业提供了免费的信息发布平台和便捷的销售渠道，还能够产生巨大的口碑效应，是餐饮企业与消费者沟通的有效工具。

第一节 餐饮企业微博营销概述

一、微博和微博营销

（一）什么是微博

微博也就是微博客的简称，是一种基于用户关系信息分享、传播以及获取的通过关注机制分享简短实时信息的广播式的社交媒体。微博开通的多种应用程序编程接口使得大量的用户可以通过手机、网络等方式，以文字、图片、视频等多媒体形式，实现信息的即时分享、传播互动。

微博的特点如表4–1所示。

表4–1 微博的特点

序号	特点	说 明
1	立体化	借助先进的多媒体技术手段，利用视频、文字、图片等形式对产品进行描述，将信息更加形象、直接地传递给潜在消费者

（续表）

序号	特点	说　　明
2	高速度	通过互联网及与之关联的手机平台发出微博后，它可以快速抵达微博世界的每一个角落，被最多的人所看到
3	便捷性	通过微博发布信息无须经过复杂的流程和手续，可以节约大量的时间和成本
4	广泛性	微博可以通过粉丝关注的形式进行互动式的传播，影响面非常广泛。同时，名人效应能够使其传播量呈几何级增加

（二）微博营销

微博营销是指通过微博平台为商家、个人等创造价值而执行的一种营销方式，也是指商家或个人通过微博平台发现并满足用户的各类需求的商业行为方式。微博营销以微博作为营销平台，每一个用户都是潜在的营销对象，企业利用更新自己的微型博客向网友传播企业信息、产品信息，树立良好的企业形象和产品形象。

当然，微博营销也有其缺点：有效粉丝数不足、微博内容更新过快等。

微博营销的优点如图4-1所示。

优点一：微博的内容简短，营销直接走向核心。微博主要体现在简短的内容上，通常最长的微博不会超过140字，微博快餐式的阅读使营销变得更快

优点二：微博的互动优势是显而易见的，可以产生病毒式营销效果。很多人说软文可以产生病毒式营销效果，事实上，微博的病毒式营销效果更出色，每次发生热点事件，微博都会被大量转载，传播很快

优点三：微博营销是一种口碑营销、主动营销。好的微博内容，或者说粉丝对微博内容感兴趣，它的转载速度会量级增长，其实粉丝每次转载，无疑都会帮你的微博进行一个好的口碑营销，通过粉丝的力量帮你主动营销

优点四：宣传费用很低。在“互联网+”时代，顾客消费后的口碑评价已经成为再消费和其他顾客参考的重要依据。它还具有低成本和广泛的影响范围的特点。因此，树立良好的品牌形象是营销的基础

图4-1　微博营销的优点

优点五	可信度高。口碑传播一般是发生在朋友、亲戚、同学或同事之间的。在传播过程中，它是自发的、值得信赖的
优点六	针对性强。当一个产品或者一项服务形成了良好的口碑，就会被广为传播。受口碑传播影响，听到品牌口碑信息的顾客也是接受者。这样使品牌口碑传播更加有针对性
优点七	增强企业形象。企业形象逐渐渗透到消费者心中。为了提升品牌形象，企业需要做出长期的努力，逐步在消费者心中打造一个不可毁灭的形象堡垒
优点八	发掘潜在消费者成功率高
优点九	品牌忠诚度得以提升。品牌忠诚度的提升取决于产品的质量、知名度、品牌联想和传播。它与消费者的特点密切相关，同时依靠他们对产品使用的体验而打造。提高品牌忠诚度对企业的生存和发展、扩大市场份额具有极其重要的意义
优点十	更有亲和力。广告介于买卖双方之间，以达到交易为目的。在口碑营销中，传播者是消费者，从消费者的角度来传播产品体验更容易被接受

图4-1 微博营销的优点（续）

微博所具有的神奇力量如图4-2所示，其中的数字代表的是受各种媒体影响的人数。

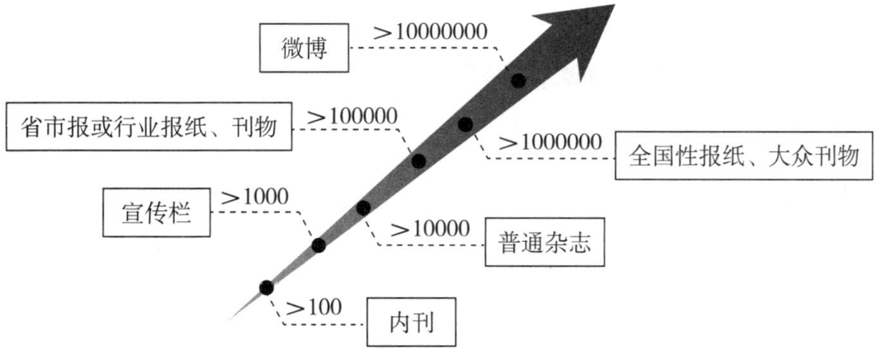

图4-2 微博的力量

二、餐饮企业微博营销的可行性

餐饮企业微博营销的可行性是非常高的，这主要得益于微博平台的特点以及餐饮业自身的需求（如图4-3所示）。

特性一 微博平台具有庞大的用户基数和广泛的传播范围

这为餐饮业提供了广阔的潜在市场。通过在微博上发布有关餐厅的信息、活动、优惠措施等，餐饮企业可以迅速吸引大量关注，扩大品牌知名度

特性二 微博具有互动性强、传播速度快的特点

这一特点非常适合进行事件营销和情感营销。餐饮企业可以通过策划有趣、有吸引力的话题或活动，与粉丝进行互动，增加用户黏性，同时也可以通过微博了解消费者的需求和反馈，从而改进产品和服务

特性三 微博营销的成本相对较低

对于一些预算有限的餐饮企业来说，这是一个非常经济实惠的营销方式。通过巧妙地运用微博平台的各种功能，如私信、评论、转发等，餐饮企业可以低成本地实现品牌推广和客户关系维护

图4-3 餐饮企业适合做微博营销的特性

三、餐饮企业微博营销的益处

（一）食客的口碑传播

食客在发微博时，无形之中向他的粉丝宣传了你的餐厅。

（二）属于自己的广告平台

餐饮企业可以通过微博向成千上万的粉丝派发广告。粉丝喜欢的话，还会转发，再次帮餐饮企业做广告。微博还有以下五大优点：

（1）想发就发，不受时间地点限制。

（2）广告发给喜欢自己的粉丝，精准有效。

（3）可以用图片，也可以用视频。

（4）粉丝越来越多，广告平台不断增值。

（5）不需要印传单、人工派传单。

（三）食客交流的平台

在餐厅里放个微博大屏幕，食客可以随时在餐厅与现场其他食客分享自己喜欢的美食。对于负面信息，餐饮企业可以直接在后台过滤，不会展示出来。

（1）微博大屏幕好玩、有趣。

（2）激发食客发微博，进行口碑传播。

（四）销售平台

（1）微博开通预订系统，食客可以直接预订。

（2）通过私信预订。

（3）通过微博预订送精美小食，还可促进消费。

（五）自己的团购平台

（1）根据产品情况发布，不受限制。

（2）随时发起团购，没有排期。

（3）折扣自己定，不影响品牌。

（4）货款马上到账，没有坏账。

第二节　餐饮企业微博营销要点

一、做好微博形象设计

微博形象包括昵称、头像、简介、背景、活动模块等。餐饮企业的微博形象需要让人一眼了解你的特色、位置、品牌定位等。

形象设计的原则如下：

（1）亲切，吸引目标人群。

（2）让食客容易找到。

（3）全面展示自身特色。

特别提示

餐饮企业微博称号最好运用企业的官方称号，微博自定义域名可以运用官方网址，域名和称号方便消费者记住。有关企业形象的图片，要让客户有一种官方的、正式的感觉。同时要选择合适的微博标签，能够方便消费者搜索，增加曝光率。

二、经营好餐饮企业微博营销内容

餐饮企业微博营销的内容，主要包括以下五个方面：

（一）发布预告信息

餐饮企业可以通过微博进行各种预告，如是否有空位、门前交通状况、本日主打菜品、促销活动预告等，如图4-4所示。

图4-4　肯德基新浪微博首页

（二）接受客人预订

餐饮企业可以通过微博接受粉丝的餐位预订、包房预订、送餐服务预订等。

（三）产品宣传推广

餐饮企业可以通过微博进行各种宣传活动，如品牌宣传、特色服务宣传、菜品宣传（附有图片）、厨师拿手菜介绍、发布最受欢迎的菜品统计数据等，如图4–5所示。

图4–5　小肥羊火锅微博宣传

（四）发布相关资讯

餐饮企业还可利用微博发布一些餐厅（公司）的“官方”信息，如人员招聘、原料采购、新店开张、服务时段、节假日休息公告等，如图4–6所示。

关于“××微信朋友圈分享获代金券活动”的声明

近期我公司发现有以“个人”为注册主体的微信公众号发布了“××火锅开业，回复‘火锅’并推送链接分享到朋友圈即可获得500元代金券”的活动信息，为此特声明如下：

我公司没有“分享到朋友圈即可获得500元代金券”的活动，也未授权任何个人、网站以我公司名义发布活动。任何以“××火锅”名义公布的活动信息均为虚假信息，请广大消费者明鉴。

我公司信息以官方网站（www.××huoguo.com）、官方微信（微信号：××huoguo；账号主体：××火锅餐饮股份有限公司）、新浪官方微博（@××火锅）发布为准。

对恶意传播虚假信息对我司品牌造成影响的，我公司保留依法追究法律责任的权利。

感谢广大顾客对“××火锅”的认可和支持。

特此声明！

××火锅餐饮股份有限公司

20××年×月×日

图4-6　××火锅的微博声明

（五）在线客人问答

餐饮企业还可与客人进行在线交流，针对客人提出的问题进行相关的答疑。当餐饮企业拥有众多粉丝以后，只要对方没有取消对餐饮企业的关注，那么餐饮企业在任何时候都可以找到客人。客人通过微博也能随时找到餐饮企业，对客人是个好消息。那么，适当给客人推送一些促销信息，就成为可能。

如果餐饮企业有能力，甚至可以通过微博去了解客人的相关信息，如年龄、生日、性别、职业等，还可了解心理偏好信息，如兴趣、爱好等。如此就可给客人提供个性化的服务，包括客户关怀（生日、节日祝福等）、促销预告、友情提醒（路况、点评提醒等）。

特别提示

餐饮企业要全天监控，对微博上的负面信息全面掌握，并在24小时内处理，安慰不满的食客，通过真诚回复来感动食客。实践证明，对于食客的不满，及时地回复和有效地说明情况，可以提高满意度，食客仍会继续光顾。有人认为不做微博营销就能避免负面评价，这是错误的想法，因为这样只会让负面信息泛滥，没有正面信息，没有处理负面信息，食客直接望而却步。

三、将微博的浏览变成销量

不要以为餐饮企业的微博拥有了千万的粉丝，就可以吸引等量的粉丝过来消费。如何将微博的浏览变成销量，也是大有学问的，表4–2是微博营销的推广技巧的总结，可供参考。

表4–2　微博营销的推广技巧

序号	推销技巧	说　明
1	话题	根据目标听众设定话题，就是要在微博设立初期制定内容策略，这和一本杂志的主编设定杂志内容策略是类似的。微博的最终目的其实是分享内容。对于餐饮企业来说，运用好社会化媒体的关键在于内容策略，内容策略＝我听见你的声音+我在听你说+我明白你说的+达成营销目标
2	标签	标签设置得好，可以帮餐饮企业找来想找的人，设置不好，就算你有10万粉丝也没有用。当然不同时间需要用不同的标签，让搜索结果一直处在第一页，才有机会被想要的用户关注
3	善用大众热门话题	每小时热门话题排行以及每日热门话题排行都是很有用的，因为这些话题适合微博的每个人，如果善加利用，将其策划进营销内容，可以增加被用户搜索到的概率。一般在热门关键词前后加“#”，如：#餐饮企业订房#
4	主动搜索相关话题	把餐饮行业百度知道中用户常问的问题总结整理出来，把重要关键词提取出来，如著名餐饮企业、餐饮企业位置、餐饮企业服务……随时关注微博用户讨论内容，主动搜索，主动与用户互动

（续表）

序号	推销技巧	说　明
5	制定有规律的更新频率	每日发6～20条，频率和节奏把握不好，会让粉丝流失
6	让内容有“连载”	比如每天推荐一个景点、美食或热门资讯，每周发布一次活动结果，连载会让粉丝的活跃度提高
7	规划好发帖时间	微博有几个高峰，上午上班、午休、下午4时后、晚上8时，抓住这些高峰时间发帖，才可能产生高阅读率和高转发率
8	善用关注	在微博推广的前期，关注能够迅速聚集粉丝。对新浪微博来说，每天最多只能关注500个人，关注的上限人数为2000人
9	举办活动	一定要定期举办活动，活动能使粉丝快速增长，并且提升粉丝忠诚度，与竞争对手形成区别
10	互动	创造有意义的体验和互动。只有做到这两点，客户和潜在客户才会与你交流，分享你的内容

案例

雕爷牛腩的微博营销

雕爷牛腩利用微博进行营销主要体现在以下两个方面：

一、试吃晒微博提高曝光率

在封测期，雕爷牛腩邀请各路明星、达人、微博大号前来免费试吃，参加免费试吃的人会发微博表达自己的感受，如此就能受到他们粉丝的关注，这样就让更多的人知道雕爷牛腩，并培养出一批潜在的粉丝。

二、靠争议性微博扩大品牌影响

雕爷牛腩通过微博发布了“不接待12岁以下的儿童”的博文，这条微博发布以后，立刻引来了很多争议，依靠这种有争议性的微博，雕爷牛腩赚足了眼球。经过不断的微博预热，雕爷牛腩积累了大量的粉丝，一开业就迅速引爆了客流量，让雕爷牛腩一面世就呈现出火爆的景象，甚至出现了很多顾客花费两三个小时等位的现象。在整个过程中，微博起到的作用是引爆客流量，为餐馆的开业打下了良好的基础。

从中我们可以得知，餐馆在打造O2O模式的过程中，要充分利用微博的力量来引爆客流量。微博是当下颇具活力的社会新媒体，正如某微博大V所说：“看一看新浪微博、腾讯微博的名人榜上，动辄数以百万的粉丝数量吧，看一看以微博为媒介的各种热点事件吧，无论怎样夸张地形容都不过分，微博已经成了活力的社会化新媒体！”

四、餐饮企业微博增加粉丝的技巧

餐饮企业发展粉丝相对其他行业要容易一些，因为餐饮服务是高接触度的现场服务。在网络上硬拉粉丝也许很难，但当和客人面对面时，当客人置身于餐饮场所时，直接的交谈将使拉粉丝变得更容易，微博支持手机登录，也降低了现场互粉的难度。

因此，餐饮企业拉粉丝的主要途径就是店面推广。餐饮企业可以在店里的醒目位置，竖立企业微博ID的宣传广告牌，也可以通过专门的人员，向食客直接推荐餐饮企业的微博ID，还可以向食客发放印有微博ID的订餐卡片等。如果想在网上拉一些粉丝，那么最好是寻找同城ID。

餐饮企业在开展微博营销时，最需要关注的就是负面评论。无论餐饮企业服务多么到位，总会遇到负面评论。当然，餐饮企业可以把负评当作改善服务的一个新的手段。

因为通过负面评论，餐饮企业可以知道许多信息，如哪个服务员可能服务出问题了，哪个厨师今天表现不佳，谁上菜速度需要提高，传菜员是不是缺人手了等信息。如果餐饮企业乐于不断完善服务，就无须怕负面评论。

五、餐饮企业微博引爆客流量的技巧

餐饮企业应该怎样充分利用微博这个颇具影响力的营销工具来引爆客流量呢？以下方法值得借鉴：

（一）依靠微博赢得顾客的信任

这是最关键的一点。餐饮企业要想依靠微博带来顾客，最重要的是要取得顾客的信任，唯有取得顾客的信任，他们才可能帮餐馆转发评论，以此影响更多的人。

（二）持续和粉丝互动

互动能给粉丝带来真诚热情的感觉，餐饮微博主体要经常转发、评论粉丝的微博，在他们遇到问题时，要及时给予帮助。这样才能与粉丝变成亲密的朋友，在餐饮企业发布营销信息时，才能得到他们的积极转发。

（三）开展活动来挖掘粉丝

实时的餐厅促销活动，能让粉丝增强参与的兴趣，让他们对餐厅更加忠诚，在举办活动的时候，要依靠奖品来激发粉丝的参与兴趣，并带动更多的粉丝参与进来，为餐饮企业培养数目可观的粉丝。

借助以上手段，餐饮企业可以培养数目众多的粉丝，为餐厅经营带来源源不断的客流。

第五章　餐饮企业微信营销

·章前导引·

微信营销本质是互动的，可以传递价值、维护老客户、影响新客户，很多企业把它当作宣传工具。餐厅是适合做微信营销的典型行业之一，其特点主要是面向大众、消费频次高、老客户多等。随着消费者的选择越来越多，餐饮企业之间的竞争也变得越来越激烈，而微信营销则可助餐饮企业一臂之力。

第一节　餐饮企业微信营销概述

一、什么是微信

微信是腾讯公司于2011年1月21日推出的一款通过网络快速发送语音短信、视频、图片和文字，支持多人群聊的手机聊天软件。用户可以通过微信与好友进行形式上更加丰富的类似于短信、彩信等方式的联系。微信已不只是一个充满创新功能的手机应用，它已成为中国电子革命的代表，覆盖90%以上的智能手机，并成为人们生活中不可或缺的日常使用工具。

二、微信的基本功能

微信支持发送语音、文字、图片，支持单人聊天、多人群聊，支持多种类型手机之间相互收发消息。微信的基本功能具体如图5-1所示。

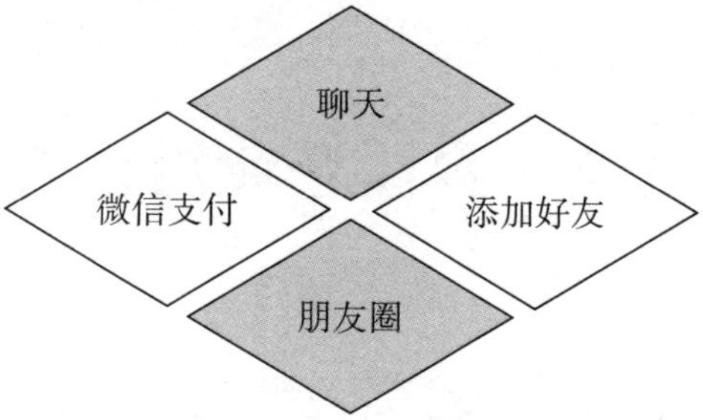

图5-1　微信的功能

（一）聊天

微信支持发送语音短信、视频、图片（包括表情）和文字，是一种聊天软件，支持多人群聊。

（二）添加好友

微信支持查找微信号添加好友（如图5-2所示）、查找QQ好友添加好友、查看手机通讯录和分享微信号添加好友、摇一摇添加好友、二维码查找添加好友和漂流瓶接受好友等方式。

图5-2　查找微信号添加好友

（三）朋友圈

用户可以通过朋友圈（如图5-3所示）发表文字、图片及视频，同时可通过其他软件将文章或者音乐分享到朋友圈。用户可以对好友新发的照片进行评论或赞，用户只能看共同好友的评论或赞。

（四）微信支付

可支持微信公众平台支付、App支付、二维码扫描支付、刷卡支付，用户展示条码，商户扫描后，完成支付，如图5-4所示。

图5-3　进入朋友圈

图5-4　微信支付操作页面

三、微信营销模式

（一）草根广告式——查看附近的人

微信中基于位置服务的功能插件“查看附近的人”可以使更多陌生人看到这种强制性广告。其作用如图5-5所示。

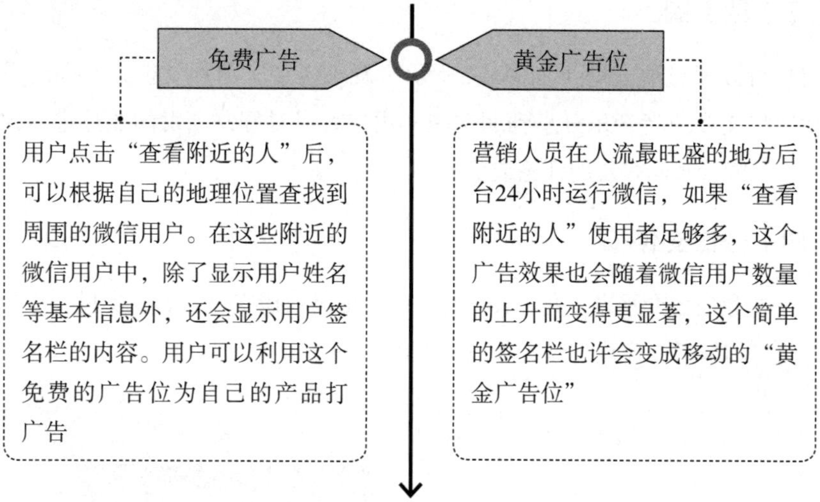

图5-5　“查看附近的人”的作用

（二）社交分享式——朋友圈

微信朋友圈在餐饮企业营销中的作用如图5-6所示。

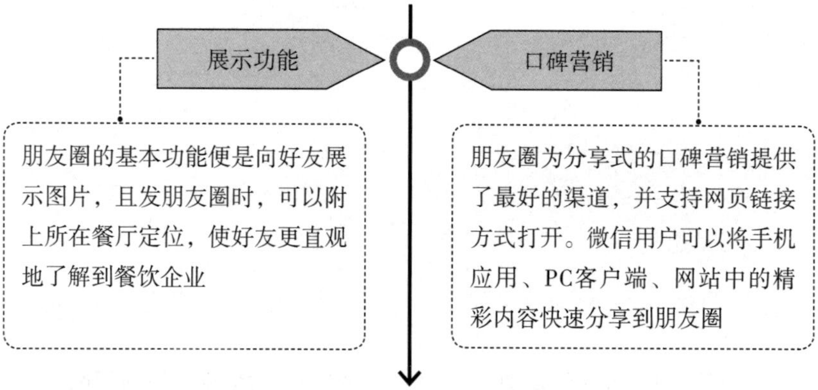

图5-6　朋友圈的作用

（三）O2O 折扣式——扫一扫

二维码发展至今，其商业用途越来越多，微信也顺应潮流结合O2O展开商业活动。客户将二维码图案置于取景框内，将可以获得成员折扣、餐饮优惠或新闻资讯。

（四）互动营销式——微信公众平台

微信公众平台主要有实时交流、消息发送和素材管理的作用。用户可以对公众账户的粉丝分组管理、实时交流，同时也可以使用高级功能——编辑模式和开发模式对用户信息进行自动回复。其作用如图5-7所示。

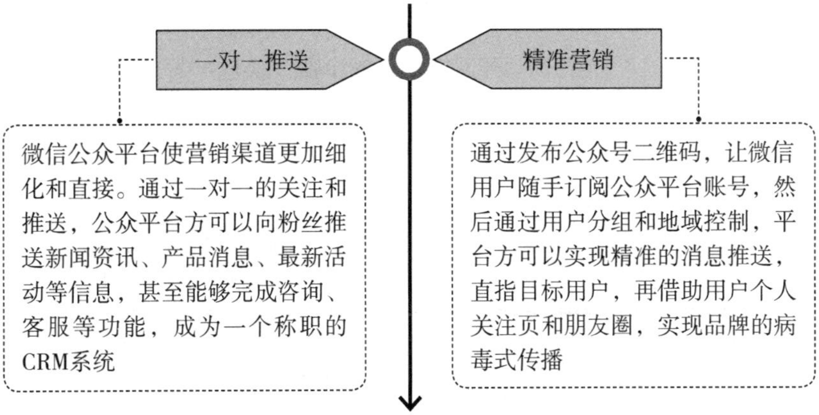

图5-7　微信公众平台的作用

（五）微信开店——微信点餐

随着微信的广泛应用，微信点餐渐渐代替了电话订餐。这其中蕴含了巨大商机，那么，微信点餐如何开通呢？主要包含如图5-8所示的三大步骤。顾客进行微信订餐的流程如图5-9所示。

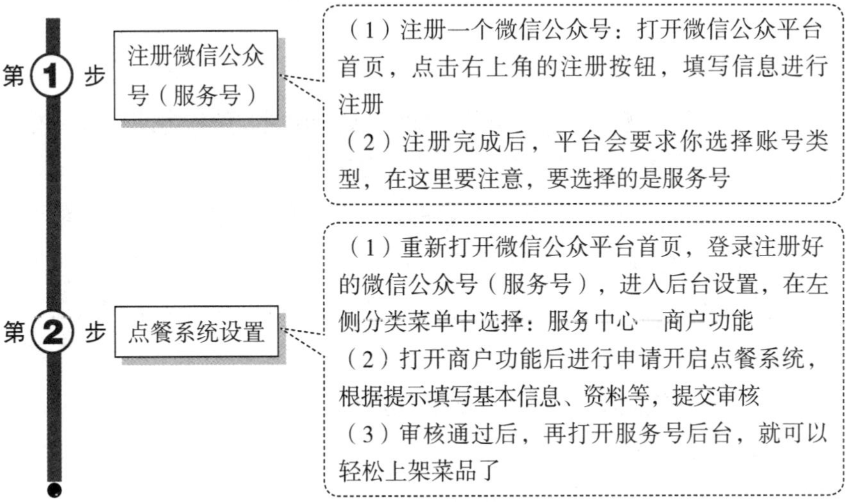

图5-8　开通微信点餐步骤

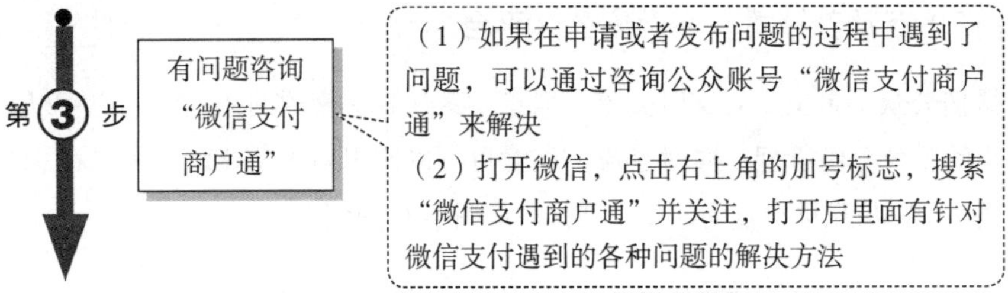

图5-8　开通微信点餐步骤（续）

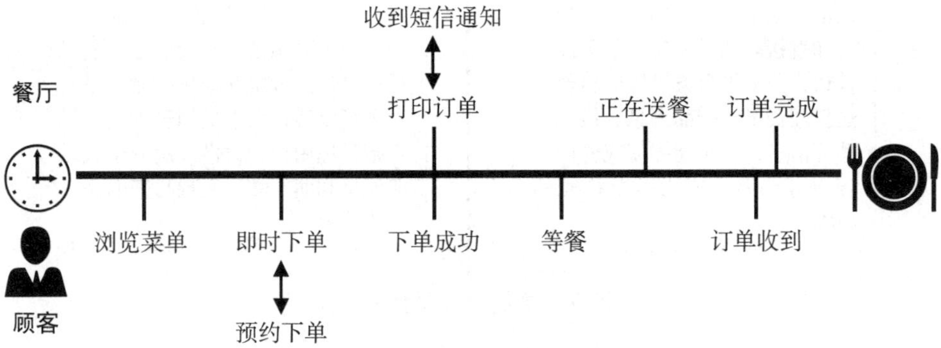

图5-9　顾客微信订餐的流程

案例

他是如何用微信救活一家餐馆的

一家江湖菜馆，25张桌，有且只有一个服务员，端菜、选菜全靠顾客“自己动手”。这家实体店95%的订单来自微信，夏季月营收超15万元。有人大赞：老板，你这O2O做得好！老板一愣：啥子叫O2O？

老板××，“85后”，酷爱打游戏。他这家馆子，从两年前的不温不火，到如今的四家分店，××说，都是微信玩出来的。

“今年准备在南岸开个旗舰店，”说这话时，××又暴露了宅男气质，“到时候尝试只用微信下单，把收银员都省了。”

一、25张桌的店，员工5人不端茶不送水

××区××东路，横着一排大排档，在众门店中，一家名为“钓龙无刺鲫鱼”的馆子，平凡得容易被人忽略。灯箱广告的LED灯坏了一排，除去两扇贴了广告的玻璃门，顾客进出的过道仅1.5米，很难找到门。店内也算别有洞天，进门上楼拐角，贴着二维码的海报非常抢眼：扫码加微信，一律8.8折。这店怎一个怪字了得，上二楼即为天台，下一楼则是背街，就这么也摆下了25张桌，门面虽小，夏季生意却好得让人眼红。

“主打无刺鲫鱼和干锅，95%订单从微信来，员工5人，其中1人为服务员，不端茶送水，只收发菜单顺便兼职打扫清洁。”××说，旺季一个月流水能达15万元，冬天稍冷清，但也时不时有微信好友的企业高管来包场。

二、全靠微信，一道菜火了3个月

才开馆子时，××也走过传统路线。发传单、做车载广告什么的，折腾三五次，10万元的退伍费就见底了。××年，××守着这家不温不火的小门面。“本店小，还挤在一堆大排档里，很少引人注意。”××说。直到××年初，在朋友的指点下，他才开始用微信做生意。

刚开始几十个好友，却有能力让一道“奇葩”菜火了3个月。“××年4月，一位老顾客忽然想吃番茄味的炒丝瓜，我硬是让厨子做了出来，顾客相当满意，当即发了微信朋友圈，好友一转发，第二天有人点名来吃‘番茄炒丝瓜’。”××说，这道黑暗料理捧红了馆子，也让他见识了微信之威。“爆点、爆点、爆点，不怕门店小，就怕爆点少。”后来，××通过打折，让顾客进店就扫码关注，天天挖空心思想着如何和顾客玩。

三、餐饮微信营销玩法

“饮食选择有很多，能带给食客快乐，才会成为首选。”××说，而这得靠互动性极强的玩法。通过玩，他的微信好友仅一年就从最初的三四十人增加到数千人；营业额从一天三四百元到旺季一月超过15万元……

玩法一：玩微信要有“店魂”

要点：不开公众号，用私号写段子。

商家玩微信，一定要有可持续的“店魂”，比如×××的买家秀，×××的相亲秀。“我的特点就是宅男，爱玩也爱吹垮垮（意为聊天）。”××确定了路线，用玩的方式天天送福利。

“要和顾客玩起来，公众号不行，没人看，还要靠私号，但私号也讲究人格化。”××的第一招就是讲故事、写段子。他善于利用自嘲来逗顾客开心，每天段子不超过3条，绝对不打硬广。有时候他还像顾客一样去批评某道菜不好吃，将私号人格化。

玩法二：玩微信要有创意活动

要点：一起打飞机，打进前三就送礼。

“除了吹垮垮，这个私号还喜欢打游戏，所以独乐乐不如众乐乐。”××年夏天，××邀约微信好友玩手游“雷霆战警”、打飞机竞赛，每周公布一次战果，超过他的前40名送花生一份，前3名免费送菜品。活动一推出，天天都有好友私聊：老板，我今天第几名？

另外，店里每出一道新菜品，××会在微信上发布信息征集菜名。名字被选用的，素菜可在店里终身免费，荤菜则享受高额折扣。被选中菜名的顾客××就获得了一道素菜的终身免吃权：“吃了一个夏天现在都吃够了，不过关键是好耍！”

玩法三：线下跟着微信玩

菜单做成答题卷，点菜请做简答题。

“微信上大家都叫我宅男老板，菜馆也要贯彻宅男路线。”××说，在线下，他将菜单做成答题卷：选择题是12道固定主打菜，顾客只需选菜画钩，简答题为配菜，顾客可根据店内黑板上每天提供的机动食材，随意搭配。答题卷上，老板友情备注：认真填写，可用拼音替代。

“很多顾客看了菜单都会拍照发微信传播。”××说，因为依靠微信订单，店里几乎不需要跑堂，他顺势推出实体店店魂，在墙上歪歪扭扭地手书两排字：论江湖，粗乱杂，请随意，莫客气，自己动，丰衣足。——钓龙无刺鲫鱼宣。为了鼓励这种自助服务，××会送每位顾客酸角汁一瓶，相当于把节约的人力成本变成赠品。

案例

沸虾餐厅微信营销成功的原因

微信时代的到来，给餐饮商家提供了一个很好的宣传平台，然而很多餐饮企业微信营销的效果都不是很理想。那么沸虾是如何取得成功的呢？

沸虾，原名叫“沸虾私房麻辣小龙虾”。它刚开始做的时候，只是一个个人账号，开始只想专注于小龙虾，直到发展相当顺利之后才改名为“沸虾”。随着发展壮大，开始有小龙虾、海虾、螃蟹、皮皮虾、鲍鱼、海螺等品种。

一、成功的原因

他们凭什么能做到知名度如此之大、品种如此之多?

第一：前期极度的专注。

沸虾私房麻辣小龙虾，前期他们只专注于做一个品类：小龙虾。它的特色就是：沸！其实就是辣，让你吃过后可以沸腾起来。在微信朋友圈，他们先以朋友为基本服务对象，再以足够好的特色，把口碑做了起来（如图5-10所示）。

第二：非常有特色的口味。

辣！这个口味，谁都可以做。但是要做到极致的口味，并不是那么容易。而他们请了专业的厨师，专门研发的特色口味（据说是鸡汤加天然香料辣椒王）让人吃过以后，永远忘记不了那口味。

图5-10　朋友圈文章截图（一）

第三：优良的用餐体验。

（1）坚持采用当天新鲜食材。

（2）用户可直接在微信下单，付款成功后只要坐在家里即可。

（3）卫生方面，他们会把龙虾不必要的部位全清理干净，只留下可以吃的部位，让用户感觉非常放心。

（4）另一个细节，送餐过来的时候，他们会送手套，甚至送吃虾或螃蟹的小剪刀！当然，有时候还会送给用户小礼物。

第四：循序渐进的品类扩充。

前期的专注让他们可以聚集一大批种子用户。当用户体量足够大后，他们开始扩充新品类，基本上三个月会上一个新品类，在上新品类的前期，都是通过便宜赠送给顾客试吃的方式来完成小众群体的意见收集，再改进。

第五：强大而又细心的营销方案。

当有了第一批忠实用户以后，他们持续优化营销方案：

（1）口碑营销。

（2）特定用户群互利推广。他们在北京各个美食微信公众号上也有推广。

（3）社会实时热点营销。过中秋、过端午都有优惠活动，这是传统行业惯用的营销手段。可是光棍节、万圣节、双十一、世界杯比赛猜比分等这些社会热点事件，他们都可以找到话题和用户互动，提高销售量（如图5-11所示）。

图5-11　朋友圈文章截图（二）

二、启发

（一）餐饮行业是适合做微信营销的

（1）高分享性：吃喝玩乐，是大家高度愿意与粉丝、朋友分享的事情。很多人都养成了这样的习惯：别吃，我先发个微信。

（2）广泛性：餐饮服务是本地化服务，是人们最基本的生活消费之一，人们对餐饮类实用信息的需求十分广泛，每天都有人问：有什么好吃的推荐？

（3）实时性：人们需要的餐饮方面信息，往往是实时的、实用的信息，微信的传播速度最快，刚好满足实时的需要。

（二）餐饮企业如何做好微信营销

餐饮微信营销是一门讲究兼修内功与外功的学问。餐饮的内功是口味和服务，餐饮外功才是营销。内功塑造品质，外功成就口碑。那么餐饮商家该如何借鉴沸虾的微信营销策略呢?

1. 做好产品与服务，修炼好内功

说到餐饮的内功，就必须说到菜品的口味与服务的质量。口味是产品的核心，不光要好，还要做精。而服务质量和菜品的口味一样，也是就餐的顾客最关心的一个方面。但是餐厅服务水准好坏的背后，考验的是餐厅的管理水平，这点类同菜品的出品，都是餐厅管理者和创始人需要重点把关的地方，是真正隐藏在用户就餐体验背后的核心要素。优良的产品和服务是提升顾客线下体验、形成良好口碑传播的关键。

2. 端正态度

不少餐厅的微信做不好，总是归咎于没有专门的微信运营推广专员，但是从沸虾这个案例我们可以看到，微信运营得好不好，首先是有没有脚踏实地做好微信的心思。

3. 循序渐进

微信营销是基于身边人的营销，就是圈子营销。企业要与用户通过微信平台连为一体，推送用户需要的信息、有价值的信息，而不是一味地用广告霸屏，忽略用户的感受。所以在进行微信营销时，先搭建好微信平台，建立朋友圈子，接着才是影响身边人，逐步扩大圈子。

4. 善用热点新闻

无论是热门微博，还是视频网站、各大媒体、门户网站反复报道的，只要是点赞、评论、转发最多的新闻，一定是大多数网友十分关注的，那么如果能运用热点借势传播，将会产生较大的流量。

5. 定期发布新品，让新老客户都有惊喜

餐饮竞争确实很激烈，如果长期不研发新的菜品或者服务，定然会走到瓶颈。将精品做好做细致，新品也必须有更新，这样才能满足人们对店家的期待。而且新品可以通过预约试吃等方式来进行，老顾客可以凭借会员卡积分来半价体验新品，新会员可以享受打折优惠，这样通过试吃和优惠让新品被更多人品尝，后期通过反馈和改进口味，从而得到好的经验。

6. 对微信进行二次开发

餐饮微信可以利用微信Wi-Fi、微信摇一摇周边、微信路由器、微信打印机等功能来吸引用户参与，增强商家与用户之间的情感互动，从而增加用户黏性，增强口碑效应。

第二节　餐饮企业微信公众号运营

一、餐饮企业微信公众号的创建

餐饮企业需要创建一个微信公众号，根据经营范围以及功能、宣传的需求注册，建议选择服务号进行注册，一方面，服务号在顾客微信中的展示位置优于订阅号；另一方面，便于后续对接第三方平台，增加账号的功能体验。公众号中服务号和订阅号的区别如图5-12所示。

图5-12　公众号中服务号和订阅号的区别

（一）创建步骤

（1）在网上搜索“微信公众平台”，进入微信公众平台界面。

（2）点击右上角的“立即注册”跳转到注册界面。

（3）输入自己的邮箱，收到邮箱验证。

（4）点击验证内容里面的链接，直接跳到信息登记模块。在此时填写个人信息用以认证。

（5）登记完信息之后，下一页是微信公众号的类型选择，直接点击选定订阅，即完成微信公众号注册。

接下来就是1～7天的审核期。在审核期间不能够群发信息，但是可以在此期间简单地建设自己的账号，或者进一步熟悉，也可以先编辑好自己以后要发的信息。

拓展阅读

服务号和订阅号的区别

（1）服务号每月4次群发，每次最多8篇文章；订阅号每天1次群发，每次最多8篇文章。

（2）服务号发送的消息以消息的方式直接出现在聊天窗口，订阅号发送的消息会归纳到订阅号栏里面。

（3）服务号可以直接微信支付，订阅号需要链接第三方平台才能支付。

总而言之，服务号适合服务和售卖商品，订阅号类似订阅报刊资讯，适合自媒体和消息资讯类。

餐饮企业如果需要订餐等服务用服务号最合适，但如果定位是给客户每天推送资讯就用订阅号比较合适。当然了，大部分企业还是不需要每天都发消息给客户的，发送消息就直接用服务号推送给粉丝让粉丝看到比较好。

（二）餐饮企业微信公众号功能开发

餐饮企业微信公众号运营一定要做好功能开发，增加用户和公众号的黏性。这些公众号功能不仅可以提高顾客消费体验，方便顾客，还能无形之中减少服务员工作压力和工作量，做到双赢。餐饮企业微信公众号开发的主要功能模块如表5-1所示。

表5-1　餐饮企业微信公众号开发的主要功能模块

序号	功能模块	功能说明
1	用户个人中心	以个人为中心的个人信息中心，能够实现个性化定制，实现内容、社区、应用的有机整合。个人门户一切以工作为主，条理清晰，布局合理，方便使用者高效完成工作

（续表）

序号	功能模块	功能说明
2	在线预订/在线订餐	通过在线预订，可以节约消费者时间，方便消费者选择，从而增强消费者好感，提高交易成功率
3	在线支付（微信支付）	在线支付为顾客提供了网上消费支付结算方式，使顾客真正做到足不出户，网上购物
4	在线排队取号	无须在餐厅门口排队等待，系统直接显示排队人数并派号，等待时间一目了然，使顾客更合理安排时间
5	LBS智能定位	通过LBS智能定位，直观了解附近的潜在客户，并推送优惠信息，吸引顾客消费
6	在线点菜/在线下单	让手机成为最方便的菜单，直接通过手机选择菜品下单，到店后即可上菜，省去等待时间
7	订单自动确认	无须人工手动记录、确认，订单收到后系统根据店内情况自动确认，节省人力、物力
8	菜品添加及管理	通过系统后台，直接对菜品进行管理，增加、修改、删除全部在电脑上实现，方便快捷
9	订单查看及管理	通过系统后台的推送功能，可实现对订单确认等一系列操作，同时可实现全自动处理，无须人工操作
10	运营报表管理	用于报表数据填报及统计分析的企业级报表管理功能。报表可以帮助企业访问、格式化数据，并把数据信息以可靠和安全的方式呈现给使用者
11	系统设置	系统设置是整个后台系统的管理中心，主要包括数据管理、用户管理和权限管理，用户管理主要包括用户的添加、修改、删除、启用、禁止等功能

二、餐饮企业微信公众号的推广

（一）公众号线上推广准备

1. 建立微网站——餐饮行业门户

针对餐饮行业的移动互联网门户建设，重点突出特价优惠菜品、推荐菜品、招牌主打菜品等全方位展示功能，将商家信息第一时间全面展示在用户微信端，方便消费者查看并使消费者第一时间被诱人的菜品吸引，直接促成消费。

2. 微活动

餐饮行业巨大的客流量会为商家带来巨大的发展机会，然而，餐饮行业消费者忠诚度低问题成为每个商家的困扰。而微活动在迅速吸引消费者关注的同时，定期的营销活动还能提升消费者对品牌的忠诚度，最终将客流量转化为客留量。

3. 预约订座

针对线下餐厅用餐高峰期客流量较大而餐厅接待能力有限的情况，餐饮企业可推出微信端预约订座功能，消费者在微信端提前预约，操作便捷，同时能省去排队的时间，也给商家提前准备菜品、安排座位预留时间，提供更周到的服务，提升消费者对商家的好感度和忠诚度，如图5-13所示。

图5 13　在线预约订座

4. 远程排号、查号

在用餐高峰期，顾客往往需要等待较长时间。餐饮企业可在公众号内增加排号和查号状态等微信运营模式，如图5-14所示。

图5-14　远程排号

5. 在线点餐

顾客在落座前就可以通过公众号自助点餐，点餐系统同餐饮终端系统打通，顾客下单后直接同步至后厨。

6. 一键导航

基于消费者对餐饮行业具体地理位置的需求，餐饮企业可研发“一键导航”功能，方便消费者快速定位并进行导航，全程引导消费者到店就餐，大大减少因无法快速找到商家位置而导致的用户流失。

7. 微会员

餐饮行业受众广泛，几乎每个人都是餐饮行业的用户，但是商家却未必对自己的消费者十分了解。若是能推出微会员功能，则可收集会员信息建立商家的消费者数据库，从而为会员提供专属服务，提升服务质量，微会员也可将促销优惠、会员专享等服务信息直接显示在微会员页面，将商家已有的线上用户吸引至线下消费，直接促进商家的营业额提升，如图5-15所示。

图5-15　微会员页面

8. 微客服

基于较大的用户数量，餐饮行业微信公众平台为消费者提供有效的客户咨询和引导服务，方便用户及时快速地了解商家信息。微客服研发图文、语音、文字链接、电话直拨、地理位置等多种形式的智能客服，配合人工客服进行人机值守，为用户提供全面的引导服务，如图5-16所示。

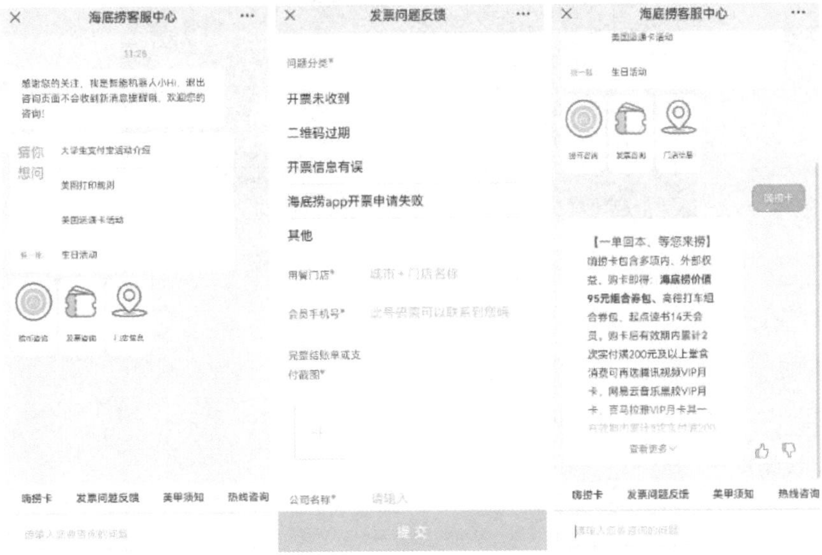

图5-16　微客服页面

（二）公众号线下推广准备

餐饮企业早期可以通过社交平台的推广来获得大量的订阅，在微博等平台的皮肤模板右侧都加上微信公众号的宣传，在其发布的内容中多次通过文字图片植入关注微信公众号的信息。另外，还可以建立餐馆的粉丝QQ群，同时QQ与微信的账号打通，大大增加了用户转化便捷度。通过QQ邮件、好友邀请等方式，都能批量实现QQ用户的导入。餐饮企业应该在自己的官网等所有可以网上宣传的地方都放上微信公众号，实现线上全渠道全面推广。餐饮企业也可以通过在自身的营销会议中植入宣传，获得更多的关注。

（三）公众号线下推广活动

1. 店内推广

（1）在店铺的显眼位置放上二维码，包括墙壁、餐桌、收银台、吧台、易拉宝等，但需要引导用户扫码，扫码要让用户得到好处，用户才会拿出他的手机，如图5-17所示。

图5-17　二维码放在显眼位置

可设计桌面二维码收银方案：

①在桌面固定关联桌号的二维码。

②食客扫描二维码，自助完成点餐、买单等操作。

③点击“结账”按钮即可自动显示当前账单。

④食客自主完成支付流程。

⑤食客手机和服务员收银终端收到支付成功反馈。

（2）和智能硬件结合。

如Wi-Fi服务，有的客户在就餐时希望能利用Wi-Fi上网（如图5-18所示），可以设置条件，关注本店微信公众号后才能上网。有的人喜欢拍照分享，如果你的餐具很有特色，也能引起他们拍照并分享到朋友圈。

图5-18 Wi-Fi账号列在醒目位置

2. 店外推广

地推的方式是最传统的，不过现在发传单基本没人看了，所以要用相关的微信活动吸引用户关注公众号并参与里面的活动，而不是简单地介绍几个菜谱和优惠活动。推广的目的是吸引用户通过微信深入地了解店铺，如图5-19和图5-20所示。

图5-19 菜单推广

图5-20 传单推广

（四）线上推广

1. 社交网络推广

社交网络营销的核心是关系营销。社交的重点在于建立新关系、巩固老关系。任何创业者都需要建立新的强大关系网络，以支持其业务的发展。

2. 朋友圈推广

朋友圈推广（如图5-21所示）需要特别注意发送的内容，以及发送内容的频率。如果发的内容与别人无关，就无法引起注意；如果发送的频率太高，则会引起别人的反感。

使用付费在朋友圈推广时，一定要注意精准。利用LBS位置，定位在与自己餐厅距离较近的用户，并要进一步分析目标人群的年龄、性别等属性，有针对性地推广。

图5-21　微信朋友圈推广

3. 互动活动策划

可结合第三方平台，比如发红包、各种抽奖游戏，这样不但可以激活老用户，还可以让他们分享到朋友圈带来部分新用户。

4. 团购、平台合作

在其他平台做团购，是为了用低价从其中心化平台吸引目标客户，并且留住他们，而不是为了卖东西，要做的是品牌，更多是为未来的回头客做准备，特别适合新店。

与外卖平台合作，提供更多便利服务。通过外卖平台，餐厅可以接触到更广泛的客户群体，特别是那些可能无法亲自到餐厅就餐的顾客。外卖平台通常拥有大量的用户流量，餐厅在这些平台上展示，可以提升品牌的曝光度和知名度。

此外，外卖平台会定期举办各种促销活动，餐厅参与这些活动也可以吸引更多顾客的关注。外卖平台通常会对合作餐厅进行严格的筛选和审核，以确保食品质量和服务水平。餐厅与这些平台合作，可以在一定程度上提升品牌形象，增强消费者对餐厅的信任感。

（五）其他推广

1. 建立会员体系

会员卡：所有这些优惠，都要求用户必须开通会员卡才可以获得，而且提醒用户，开通会员后再消费，不但可以优惠，还可以获得积分。

积分制：除了可以让用户兑换菜品、优惠券，还可以玩一些在线游戏，以增强与用户的互动。

2. 打造店内特色活动

店内特色活动包括摇一摇（如图5-22所示）、微信上墙等互动游戏，让店内的客人都参与进来，可以限定一周的某个时间玩，将其变成店内特色。另外，充分利用微信的社交属性，让店内顾客互动起来。这些均是通过微信平台进一步拓展的特色。

图5-22　微信摇一摇互动游戏

三、餐饮企业微信公众平台的消息管理

（一）公众平台内容素材的收集

餐饮企业可指派专人收集整理每天向用户推送的消息素材。订阅餐饮的用户对吃肯定感兴趣，所以餐饮企业可以每天发布一些城市的特色美食，或者分享一

些做美食的心得和窍门，同时增加一些具有趣味性的内容，以便吸引用户眼球。

（二）公众平台内容群发

最好每天同一时间及时推送相关内容给客户。

（三）公众平台用户互动管理

当有大量的客户订阅餐饮企业的公众账号以后，每天肯定会有大量用户向公众账号提出自己的问题，这时候餐饮企业可以指派专人对客户进行一对一的沟通，帮助客户解决疑问。

（四）公众平台应急处理

餐饮企业应该建立一种应急机制，当公众账号发生异常，不能使用或是瘫痪的时候，可立即启动这些应急机制，并且第一时间通知用户。

四、餐饮企业微信公众号的营销转化

（一）餐饮企业微信公众号多渠道引流

1. 餐厅内放置二维码

放置位置包括墙壁、餐桌、收银台、吧台、易拉宝等显眼处，并让前台引导用户关注。例如扫二维码关注餐厅微信公众号，可以获得一些优惠，或送饮料、菜品、锅底；在微信平台上点餐、支付，可以享受打折、满减、送券等优惠。

2. 开启微信Wi-Fi

在店内关注微信公众号就能使用免费Wi-Fi，利用现有的Wi-Fi无线网络资源，将店内顾客、店外过客圈到微信公众号内。这样多渠道引流是为了能更多地涨粉，也是为了方便后期公众号营销转化。

（二）餐饮企业微信公众号的文章推送

餐饮企业微信公众号的文章推送需要好好规划，文章内容主要关于店内菜品。没有价值的文章是很少人看的，所以公众号的内容可以包括美食制作、美食科普、美食推荐之类的。

餐饮企业微信公众号应利用好发布文章的机会，推出各种好玩有趣的打折促销活动。促销活动是为了拉顾客进店，可通过新品促销、节点促销、会员充值优惠等激活用户。

1. 微信红包

我们可以在微信公众号发布抢红包的活动，吸引顾客到店里来抢红包，这样既增加了公众号关注量，又找到了噱头推广。我们把推文消息转发出去，凡是帮我们转发这篇文章的顾客，再额外送出礼品。

2. 开发单品爆品，通过公众号做分销

单品爆品通常在电商行业中使用，指的是某个产品或促销活动在短时间内获得大量订单或销售额的情况。推出一个劲爆的爆品套餐，凡是直接购买的，都可以享受8折优惠，此外，如果购买的顾客转发出去，推荐朋友再购买，还可以获得一部分返利，最多可以达到3折优惠（折扣数视具体情况而定）。通过这种活动设计，可以快速引爆网络，实现病毒式裂变传播。

3. 利用创意推新品打品牌

有一定体量的餐厅在初步占领顾客品类心理认知之后， 也需要进一步用更多有趣好玩的创意活动俘获更多吃货芳心。

餐饮企业微信公众号运营文章一定要做好图片制作，因为一张精美、有食欲的图片十分关键，当然，文案也不能忽视。

案例

××餐饮企业微信公众号运营方案

一、微信平台的优势

灵活、智能、零资费，微信平台支持跨平台沟通，减少了宣传成本，提高了品牌知名度，有利于打造出更具影响力的品牌。

二、微信公众平台的价值

1. 数据库价值

（1）群发功能：可以节省一笔信息费用。

（2）信息即时到。

2. 客户的CRM管理价值

CRM的核心是对“××妹”品牌的市场营销和客户资源管理提供有效的支

持，利用微信公众平台沉淀用户数据，与潜在的客户建立连接，把行业内咨询、案例、教程第一时间推送出去。与此同时，打通企业微博，让CRM系统实现真正的社会化客户关系管理，对不同的用户进行分类，利用微信平台进行分类信息发送。

三、计划要求

1. 推送的内容

（1）根据顾客的喜好及转发率，确定我们要推送的内容（餐饮管理的方法、餐饮业的知识、餐饮业当下发展的流行趋势、感人励志的故事、节假日有关餐饮业的信息等），找准定位，内容质量要高。

（2）内容的排版：

①字体尽可能大些，18px最佳，图片大小要控制，一定要节省流量。

②每一段文字尽可能短一些，避免出现整片大段文字，要让顾客读起来舒服，没有视觉疲劳感。

③每篇文章后要带上“原文转载自网络”以及我们的图片信息、微信的二维码等。（统一做在一张图上，后续添加上网站链接。）

④图文摘要简洁明了，图片唯美，标题要有特点，有能吸引顾客的地方。

2. 发送内容的时间段

根据Google统计调查，微信推送的黄金时间段为：

8:20～8:30，13:00左右，17:00左右。

我们以上述黄金时间段作为推送时间段。

3. 微信公众平台消息推送流程（如图5-23所示）

（1）微信公众平台管理人员搜集文字图片资源。

（2）编辑格式内容，上传至微信公众平台素材库，储备3天以上的素材。

（3）将第3天要发的素材推送给审核人私人微信，审核人及时审核素材。

（4）审核通过，审核人及时发送素材大标题及审核通过的消息至管理人员私人微信，管理人员推送素材至公众平台关注人；审核不通过，审核人发送素材大标题及审核不通过的原因，及时反馈给管理人员，管理人员修改素材或重新查找素材。

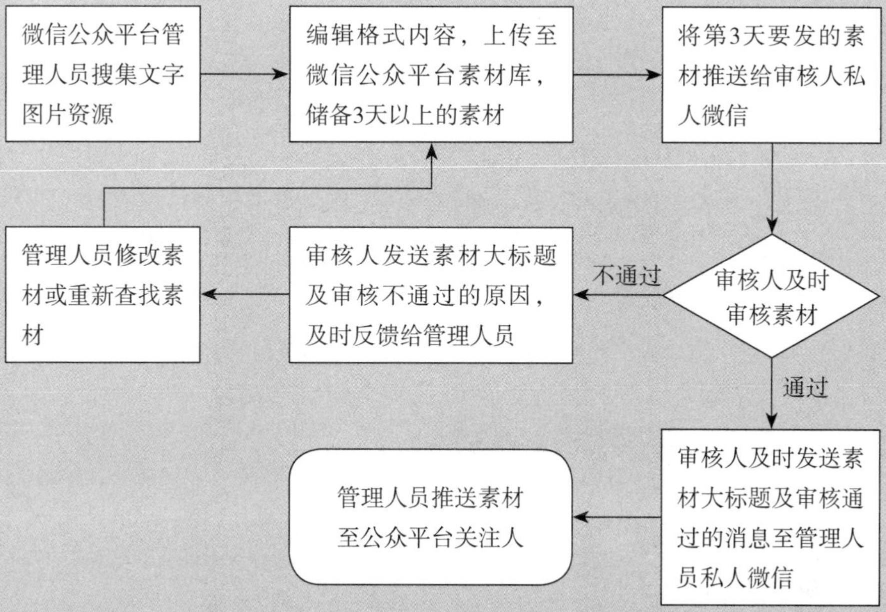

图5-23　微信公众平台消息推送流程

4. 微信公众号的推广

（1）把竞争对手当作自己的老师。

（2）利用公司的网站、微博、宣传手册进行公众号推广。

（3）在微信互动上，尽可能满足客户的需求，及时回复客户提出的问题；明确互动对象，只有了解，才能提高信任度；不设自动回复的一定要人工及时回复。

（4）要有标新立异、与众不同的亮点。

（5）以人性化的商业模式去做，坚持一直做下去，不要因为一时没有成绩就搁置。

5. 微信号的订阅量

（1）通过官方微博吸引订阅：在××品牌官方微博上宣传微信二维码，引导大家订阅。

（2）通过网站、微信互通等方式：在网站上贴出二维码，引导阅读，在Web、App上线后，也贴出二维码，让更多的人去了解××的品牌。

（3）通过微信小号推广：这种方式最有效和快捷，微信小号可以通过朋友圈、微信群等渠道将推广信息精准地传达给目标用户，引导其订阅。

（4）通过QQ、QQ群方式推广。

（5）开展活动，带动微信号的订阅量增长。

6. 开发模式（后期）

（1）通过微信接口，设置一个24小时的在线客服。

（2）让客服不需要加班，直接通过微信移动终端在任何地方及时服务。

（3）将微信数据、移动终端、线下CRM数据打通，形成一个信息沟通闭环，为客服的质量打下坚实的基础。

7. 活动与接口的对接（后期）

（1）用文字导航连接接口。

（2）图文信息阅读全文，跳转链接。

（3）关键词回复订阅点击链接。

（4）赠送礼品吸引客户，最好是用有新意的产品。

四、微信营销效果监控

微信营销效果可通过公众平台管理报表（如表5-2所示）来监控。

表5-2　公众平台管理报表（7天一表）

类型	消息数量	已阅已回复数量	已阅未回复数量	未阅未回复数量	是否星标	备注原因
实时消息统计						
类型	总用户数量	默认未分组	星标组	提问用户	新建分组	备注
用户管理统计						
类型	文字信息	图片信息	声音/录音信息	图文信息	群发对象	备注
群发信息统计						

第三节　餐饮企业微信小程序营销

对于餐饮企业来说，微信小程序是一个强大的营销推广工具。微信小程序不仅可以提供线上线下一体化的服务，还能有效引流与提升用户体验。

一、微信小程序及作用

（一）微信小程序的含义

微信小程序的英文名为Wechat Mini Program，是一种不需要下载安装即可使用的应用。它实现了应用“触手可及”的梦想，用户扫一扫或搜一下即可打开应用。它的体积非常小，每一个都不超过2M，你可以把小程序理解为一个简化版的App，但使用小程序又比App来得方便快捷，而且开发制作成本更加低廉。

（二）微信小程序的作用

微信小程序可以对接吃、喝、玩、乐、购等任何商家。有了小程序，相当于在微信里面开了一个自己独立的店，微信10亿用户都可以到这个店里消费，搜索附近的小程序都能看到你的店。小程序具有导航功能、支付功能和外卖功能，费率只有0.6%，是美团、饿了么费率的1/30。

（1）引流（辐射周围5公里所有微信用户）。

（2）营销（支持砍价、拼团、预约、优惠券、在线商城、在线客服、在线交易等，玩转各种营销）。

（3）微网站（多维度展示企业信息、商品信息、视频图文信息）。

（4）回头客管理（小程序的特性是“访问即留存”，只要客户使用过小程序，这个小程序就会留存在客户手机里）。

（5）支持一键买单、一键打电话、一键联系微信客服。

（6）后台手机随时掌控，支持多人登录，运营就跟发朋友圈一样简单。

二、微信小程序于餐饮企业的适用性

微信小程序作为一个功能强大的工具，在餐饮行业拓客引流方面发挥着重要的作用。通过它提供在线订餐功能、推送优惠活动和促销信息，并建立用户社交互动平台，餐饮门店能够吸引更多用户并增加销售额。微信小程序不仅提供了方便快捷的购餐方式，还为餐饮门店拓展客源、增加销售额提供了新的渠道。

（一）菜品展示

餐饮门店可以在小程序商城上传菜品信息，包括菜品图片、制作菜品流程等。真实的信息展示能够获取消费者的信任，从而增加到店消费的机会。

（二）提供在线订餐功能

微信小程序可以为餐饮门店提供一个方便的在线订餐平台。门店可以通过小程序开设菜单页面，展示美食图片、详细介绍和价格等信息，方便用户选择菜品和下单。同时，门店还可以根据用户的需求和点餐历史，提供个性化的推荐，提高用户黏性和下单频率。通过在线订餐功能，门店可以吸引更多用户进行购买，提高销售额。

（三）推送优惠活动和促销信息

微信小程序可以实时向用户推送优惠活动和促销信息，吸引用户关注并增强他们在餐饮门店消费的意愿。门店可以在小程序首页设立一个专门的优惠活动栏目，定期更新各类打折、满减和赠品等促销信息。同时，门店还可以通过小程序消息推送功能，将优惠信息发送给用户，提醒他们关注和参与。这样的引导和提醒能够有效提高用户对门店的关注度和参与度。

（四）建立用户社交互动平台

微信小程序为餐饮门店提供了一个社交互动平台，可以增强用户与门店之间的互动和黏性。门店可以在小程序中设置评论功能，让用户对菜品和服务进行评价和留言。门店可以通过积极回复用户留言，解答疑问并提供服务，提高用户的满意度和黏性。此外，门店还可以利用小程序提供的社交分享功能，鼓励用户将自己的美食体验分享至朋友圈，进一步扩大品牌影响力和知名度。

三、利用微信小程序进行营销推广

小程序主要通过线上营销达到分享裂变的效果。以前餐饮门店的评价主要依靠口口相传，所以传播速度慢。通过小程序能够迅速将店铺的优质评价送达更多潜在客户，吸引消费。小程序有效的营销推广既保证了线上用户的活跃度，又能保证线下稳定的客源。餐饮门店应该抓住机会，开创服务经营的新模式，实现餐饮门店的新发展。

（一）优质内容营销

在微信小程序中，提供优质的内容是引流和营销的关键。餐饮门店可以利用小程序发布美食、菜谱分享、食材产地介绍等相关内容，增加用户对产品和品牌的关注度。通过内容营销，可以吸引用户注意，提高用户黏性，并激发用户兴趣，进而产生购买意愿。

（二）活动营销

现在餐饮店同质化严重，如果门店缺少自己的特色，可能很快就会被淘汰。现在通过小程序开展拼团或者低价秒杀的活动，能够实现分享裂变，快速吸引客源。例如三人或五人拼团，顾客可以享受8折优惠。在小程序上开展不定时低价秒杀活动，超低的价格能够吸引用户持续地关注小程序，提高小程序用户关注率。并且，用户在线上下单，线下消费，为线下带来更多客流量，形成隐性宣传，吸引更多人消费。

（三）设置积分营销功能

餐饮门店可以设置积分营销功能，玩转积分营销来吸引客户和拓展客户。

餐饮门店鼓励客户利用小程序结账，然后就能获得一些积分，这些积分如果积累到一定的程度就能消费。如此一来，不管是积分兑换菜品或者积分兑换优惠券，都可以吸引客户和锁住客户，激励客户下次光临。

（四）抽奖等营销功能

对于餐饮门店而言，可以设置店庆日、会员日等，如果客户到店就可以参与活动，激发客户的兴趣。

比如抽奖活动，设置免单这样的大奖，就能提升客户的活跃度。餐饮门店的客户活跃度高，那么消费也会更多，客户订单量也会大增。在此基础上，客户也会不断地分享链接，为门店带来更多的客户流量。

（五）玩好拼团、团购等营销功能

可不要以为拼团、团购等营销功能不适合餐饮门店，如果改变一种玩法还是可以应用在餐饮业，并给餐饮业带来巨大的营销利益。门店借助代金券等方式来做好拼团或者团购的营销，同样能够带动客户的活跃度上升。

比如餐饮门店设定7折优惠券的拼团，就能激发客户的参与欲望。拼团模式的本身规则就是让更多客户参与进来，因此客户会不断分享和拉新客户进入拼团，促使拼团成功。这样餐饮门店就可以达到拓展更多客户的目的。

（六）个性化推荐

微信小程序通过分析用户的浏览历史、购买偏好和位置等信息，可以进行个性化推荐。餐饮门店可以根据用户的喜好，推送相关的食品菜单、优惠活动和推荐套餐等。这样一来，用户会感受到餐饮门店的个性化关怀和服务，提高满意度和忠诚度。

（七）采用小程序付款可以得到优惠福利

作为餐饮店，只是让客户消费一次，很显然是失败的，要留住客户，就必须给客户一些牵挂的东西。如果客户在使用小程序付款之后，能够得到商家的优惠券或者现金券，就能吸引客户下次再来餐馆就餐。

餐饮商家在实体店结账区域张贴小程序二维码，鼓励大家扫描二维码用小程序进行付款，这样就能领现金券。基于这一优惠福利，很多客户就会选择下次光临餐馆，同时客户也会将这个消息分享给更多的朋友。商家通过小程序付款营销功能既能锁客，而且还能拓展客源，轻松便捷。

（八）转发活动信息分享裂变

小程序基于微信运行，相当于拥有微信的14亿用户。商家通过小程序开展活动，可以通过老用户达到宣传的目的，老用户转发活动信息能够实现分享裂变，将店铺的活动信息传达给更多的潜在用户。

（九）线上评价获得优惠券奖励

用户到店消费后在小程序上评价能够获得优惠券奖励，商家可以通过这样的活动促使消费者在线上评价，评价包括服务质量、菜品评价、环境评价，真实有效的信息能够激发新客户到店消费的欲望，增加线下客流量。

第六章　餐饮企业团购营销

·章前导引·

团购有消费者自行组团、专业团购网站组织团购、商家组织团购等形式，加大了商家的商品宣传推广力度，并极大程度地让消费者获得了商品让利，引起餐厅及消费者甚至是资本市场关注。团购给餐饮业带来了新的营销模式，给消费者带来了优惠和方便。

第一节　餐饮企业团购营销概述

一、网络团购认知

团购就是团体购物，指的是认识的或者不认识的消费者联合起来，增强与商家的谈判能力，以求得最优价格的一种购物方式。根据薄利多销、量大价优的原理，商家可以给出低于零售价格的团购折扣和单独购买得不到的优质服务。现在团购的主要方式是网络团购，如图6-1和图6-2所示。

图6-1　某网站的团购页面

图6-2　团购页面

二、团购带来的机遇与威胁

（一）团购带来的机遇

1. 餐饮团购潜力大

随着网络进一步普及，网络购物中逐渐掀起团购潮，而且越来越多的消费者希望加入网络团购，享受低价的实惠。随着网络团购的兴起，餐饮行业的市场也将继续扩大，前景不可限量。餐饮门店要想扩大市场占有率，网络团购这个渠道不可轻视。团购的爆发力已展现出来，不得不说，经过多年的发展，餐饮团购依然拥有着广阔的市场潜力。

××年中秋佳节即将到来之际，国内世界级的高端中餐品牌××股份有限公司带领旗下××市15家分店与国内领先的团购网站××网携手打造中秋合家欢套餐团购活动，此举为××首次以集团身份与团购网站进行的战略性合作。

2. 参与团购的人数增加

随着网民对互联网的依赖性与信任度越来越强，通过互联网购物的安全疑虑也随之减少，加上网络购物提供越来越多样化的支付方式，这一切都加速了网络团购的发展与普及，参与团购的人数日益增加。

（二）团购带来的挑战

团购给餐饮企业带来的威胁主要体现在以下几个方面，如图6–3所示。

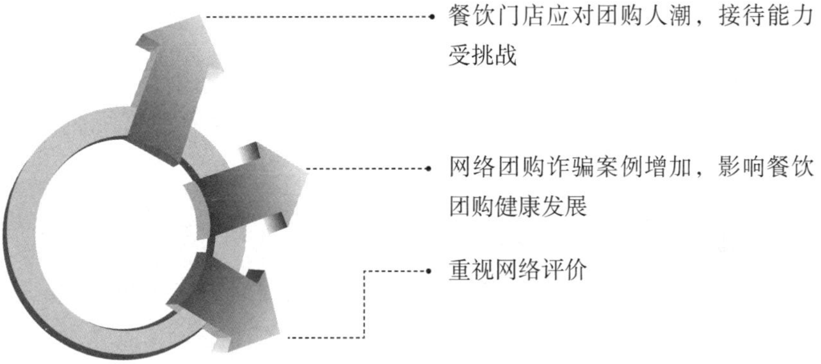

图6–3　网络团购威胁

1. 餐饮门店应对团购人潮，接待能力受挑战

餐饮门店通过参与餐饮团购追求旺盛人气、达到热销，有时会不限制团购的最高购买人数。对团购网站而言，它们希望卖得越多越好，对低折扣的餐饮团购项目更是大力热捧。但随之而来的问题是，如果餐饮门店在正常用餐时间只能承担同时上百或数百人就餐，而优惠券订出上千份甚至数千份，并且顾客在同一时段蜂拥而来，就会远超企业的承载能力，座位难求、饭菜质量降低、服务接待差等问题就容易滋生，这对于餐饮门店的服务能力不能不说是一种严峻挑战。

2. 网络团购诈骗案例增加，影响餐饮团购健康发展

目前团购网站的进入门槛较低，质量参差不齐，监管力度不够，缺乏市场规范。正常运营的团购小网站众多，消费者团购遇到的诈骗案例也时有发生。团购消费者在某些团购网站参与了餐饮团购，结果凭餐饮消费券去门店消费时，却发现店铺已关门，找不到商家，团购网站推卸责任，拒绝退款等。这些诈骗案例中，消费者的权益被侵犯而得不到相应保障，影响了消费者对团购的信心。目前国内的团购网站很多，超过60%的团购项目都与餐饮有关，而团购诈骗案件的增加

一定程度上影响了餐饮团购的发展。

3. 重视网络评价

现在多数团购网站都带有团购评价功能，消费者可以在团购消费后给商家打分评价供其他消费者参考。团购网站设置这个功能非常人性化，给消费者提供了一个购物体验的交流平台。评价的好坏直接影响其他潜在消费者对商家的印象和自己参团购买的欲望。不排除有不怀好意的消费者在消费后给商家恶意评价而影响到商家的信誉。对于恶意差评，商家应及时应对，做出积极回复，以给客户留下好印象。

案例

××拉面老板是如何进行团购营销的

团购这种模式受到广泛喜爱，因为人们总能吃到又便宜又好吃的。但是不难发现，总有一些团购看上去是方圆几公里最便宜的，但是顾客去吃却从来省不下来钱，甚至花的比平时还多。

餐厅名称：××拉面。

产品：拉面，一般搭配凉菜，正常情况人均消费在28～35元。其他很多拉面店在有团购的情况下人均只要13元，但是取消团购的情况却时有发生，甚至面馆倒闭的也不在少数。

那么，××拉面是怎么做的？

这是一家兼卖凉菜、炒菜、饺子、炒饭的中档拉面店，他们只有主食有团购，低至8～10元，非常有吸引力，因为周围同等商品价格通常在15～20元。同样的主食，别人卖15～20元，你团购只要8～10元，是不是亏大了？为什么这么定价呢？因为如果团购价格在12元左右，比正常价格便宜3元，很多人就会觉得其实没便宜多少。但是比正常价格一下便宜了近一半（原价15元，团购价8元），很多人就会带着赚到了的心理来消费，同时更有二次消费（付现）的欲望。

一般人吃拉面时习惯搭配凉菜。来用团购券消费的顾客绝大多数都会购买凉菜，那么销售额就上去了。而且这家店的凉菜比别家要贵50%。别家一般是10元，他家凉菜15元。主食看上去便宜了不少，其实主要利润点都放在其他地方了。

所以你拿着8元的团购券进去，至少要花23元才能出来。

商家这样就达到了团购的目的：吸引潜在的顾客成为忠实顾客，同时团购单价低，给团购网站的分红也不高。

三、餐饮企业团购的特征

餐饮企业的团购活动一般有以下六个特征，如图6–4所示。

①	价格低	一般餐饮团购网站每日都会推出几个菜品团购，这些团购项目就是靠高折扣来吸引消费者眼球（如图6–5所示），短时间内获得多人关注的效果
②	人数限制	一般餐饮团购网站对每个团购菜品都会设置最低购买人数，超过最低购买人数则团购成功，反之，团购取消
③	时间限制	餐饮团购交易属于阶段性的商业促销活动，不是商家持续性策略，因此一般团购活动都会有时间周期
④	使用限制	在节假日、周末或是客流量高峰时，餐厅一般都有团购优惠的使用限制，如图6–6所示
⑤	先支付后消费	消费者需要先支付全额或部分相应的团购价，也就是传统的先交钱后消费的形式
⑥	支付金额小	目前国内网络餐饮团购交易涉及的金额，多是小额支付

图6–4　餐饮企业团购的特征

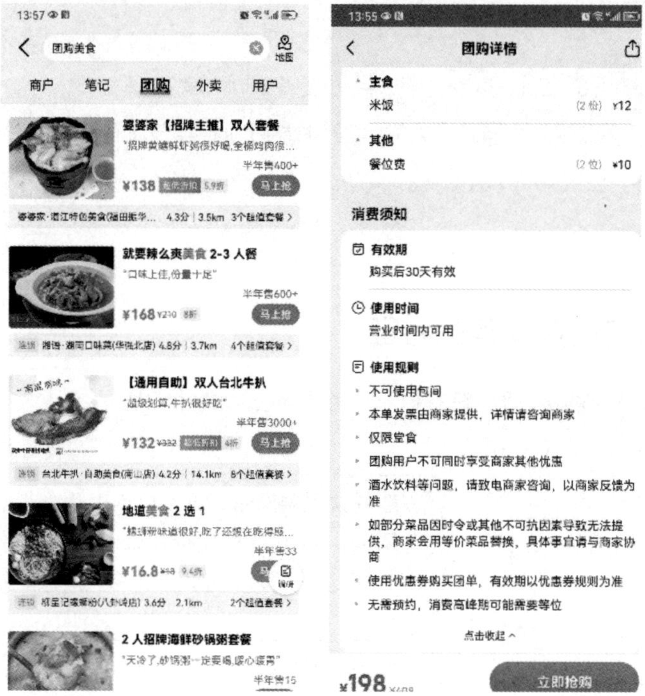

图6-5　餐饮团购界面

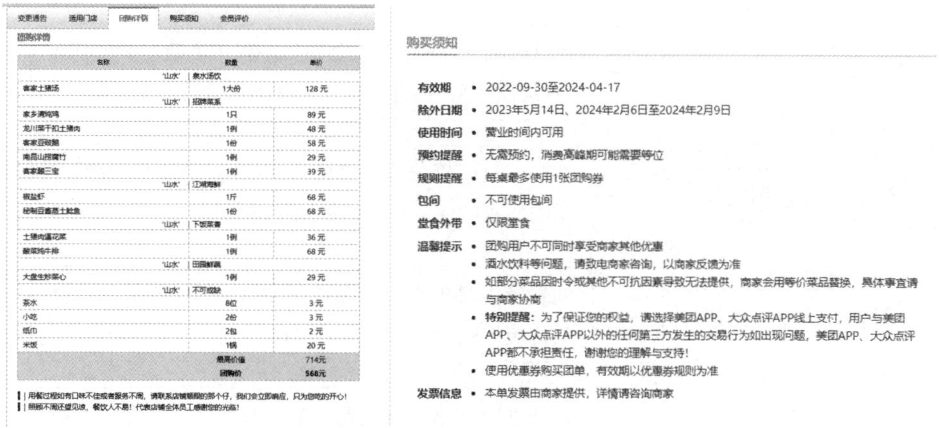

名称	数量	单价
‘山水’	泉水汤饮	
客家土猪汤	1大份	128 元
‘山水’	招牌菜系	
家乡清炖鸡	1只	89 元
龙川菜干扣土猪肉	1例	48 元
客家豆豉鹅	1份	58 元
南昆山捞腐竹	1例	29 元
客家酿三宝	1例	39 元
‘山水’	江湖海鲜	
椒盐虾	1斤	68 元
秘制豆酱蒸土鲶鱼	1份	68 元
‘山水’	下饭菜香	
土猪肉溜花菜	1例	36 元
酸菜炖牛排	1例	68 元
‘山水’	田园鲜蔬	
大盘生炒菜心	1例	29 元
‘山水’	不可或缺	
茶水	8位	3 元
小吃	2份	3 元
纸巾	2包	2 元
米饭	1锅	20 元
	最高价值	714元
	团购价	568元

图6-6　团购详情和购买须知

四、餐饮企业团购营销的时机

餐饮企业面对的投诉种类繁多，那么，是不是餐饮企业不适合做团购呢？答案当然是否定的。餐饮企业如何合理利用团购这种营销模式呢？餐饮企业开展团购有两个时机，如图6–7所示。

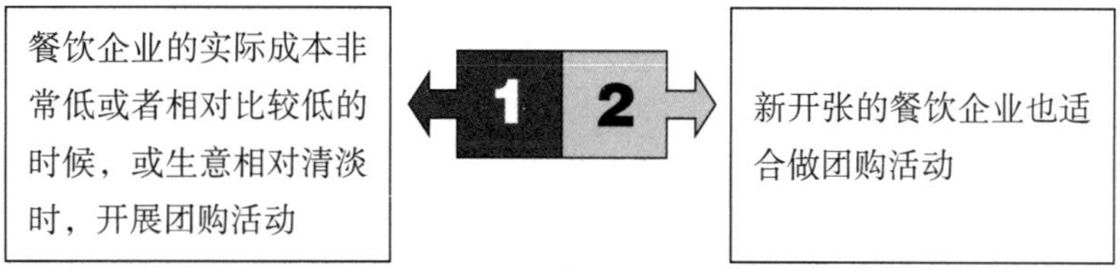

图6–7　团购营销时机

（一）成本低或生意淡时

各类餐饮企业所处地理位置不同，人流高峰也可能不同，比如，处于商务区的餐饮企业在节假日、休息日的时候顾客相对要少一些，而处于旅游景点的餐饮企业在旅游淡季的时候顾客就会相对少一些，这时候比较适合做一些团购活动。

（二）新开张时

俗话说，“酒香不怕巷子深”，但现在是信息时代，时间就是金钱，一家餐饮店刚开业，没有知名度，也不为消费者所熟知，顾客不会那么快就上门。

因此，这时餐饮企业要主动出击，可以通过团购打开知名度，前期一定不能以赚钱为目的，重点是做好宣传推广。

五、餐饮企业团购常见问题

根据消费者投诉的不同问题，可将餐饮企业团购中常见的问题归为四类，如图6–8所示。

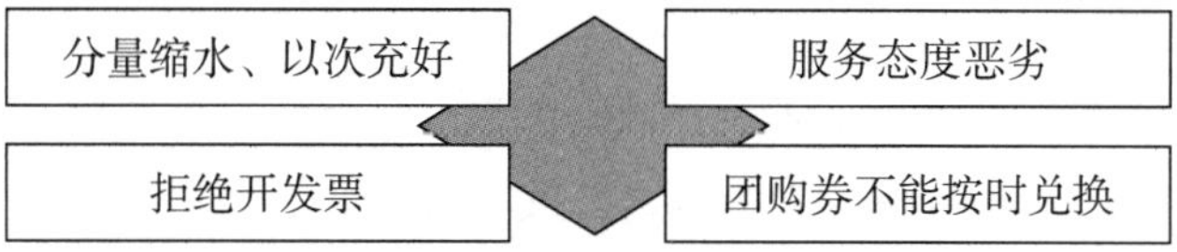

图6–8　餐饮企业团购常见问题

（一）分量缩水、以次充好

餐饮团购市场火热，竞争也更加激烈，团购网站在和商家谈合作的时候通常把团购价压得很低，否则没有市场竞争力。因此商家的利润也几乎被压到最低，商家只得降低自身单位成本，把成本转嫁到消费者身上，由此自然而然出现分量缩水、以次充好的现象。

（二）服务态度恶劣

餐饮企业实行团购营销，都是为了吸引顾客，以盈利为最终目的。但是，现在许多团购服务品质都不太高，导致许多人对团购持怀疑态度。

根据消费者的消费习惯，人们的就餐时间比较集中，也就是餐饮行业所说的“饭口”。在“饭口”时，通过正常途径来就餐的客人本来就很多，团购的客人也来就餐，此时就餐人数太多可能会导致服务不到位的情况出现。

杨小姐拿着团购券到××咖啡店兑换了一杯卡布奇诺，喝了一口是泡沫，再喝几口还是泡沫，把泡沫都喝完了一看，咖啡只有小半杯。杨小姐拿到柜台去询问，店员告诉她，卡布奇诺咖啡就是这样，泡沫会多一些。为了验证店员的说法，杨小姐到××咖啡的另一家分店去购买了同样一杯卡布奇诺，发现咖啡明明是有多半杯的，比自己兑换的那杯多了不少，只有上面一层是泡沫。

“给店员团购券的时候，她直接向后台喊‘一个团购券’，而不是通常的‘一个小杯’。”杨小姐告诉记者，不知道这里面有什么不同。不过，那张团购券上可是明明写着可购买任意一杯12盎司咖啡，没写着减量供应。

上述案例中杨小姐遇到的情况，许多顾客都碰到过。因此，餐饮企业如果实行团购促销，一定要注意自己的服务品质，如果名不副实，就会得不偿失。

（三）团购券不能按时兑换

就餐的时候餐厅肯定正是客流量的高峰期，根据餐厅的习惯，通常会优先照顾未付钱的客人，而团购来的客人都已经线上支付了，将团购客人晾在后面，也就“顺理成章”。

（四）拒绝开发票

餐饮企业以团购价格低赚不到钱为由，拒绝开发票。不过，根据法律规定，只要有销售的活动、销售的行为就必须开发票，这是经营者法定的义务，无论是国家关于税收的法律还是消费者权益保护法都有类似的规定。

第二节　餐饮企业团购营销要点

团购其实是一种很好的聚众销售的手段，但国内目前所有团购都是以低价打折的方式进行销售，不做团购无法快速获取客户，做了团购企业利益损失很大，最终造成很多餐厅对是否做团购非常纠结。

一、选择团购网站

餐饮企业在实行团购时，要选择与口碑好、规模大、有实力的团购网站合作。实力雄厚的团购网站宣传力度比较大，媒体曝光率也比较高，宣传效果会更明显。目前，国内主要的团购网站包括大众点评、美团、饿了么等。以下对其中几个团购网站进行简单介绍。

（一）大众点评

大众点评是中国领先的城市生活消费平台，也是全球最早建立的独立第三方消费点评网站，如图6–9所示。借助移动互联网、信息技术和线下服务能力，大众点评为消费者提供值得信赖的本地商家、消费评价和优惠信息，以及团购、预约预订、外送、电子会员卡等O2O闭环交易服务，覆盖餐饮、电影、酒店、休闲娱乐、丽人、结婚、亲子、家装等几乎所有本地生活服务行业。

图6-9　大众点评上的团购页面

整个网站的基础信息主要由以下两部分组成，如图6-10所示。

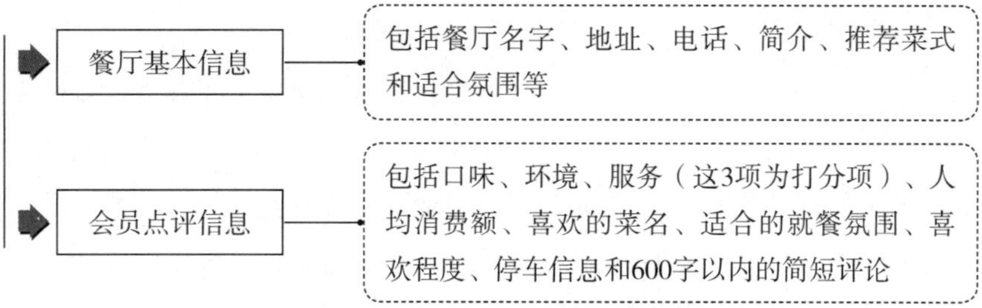

图6-10　大众点评的基础信息

（二）美团

美团网是创建于2010年3月4日的团购网站。它的服务宗旨是：每天团购一次，为消费者寻找最值得信赖的商家，让消费者享受超高折扣的优质服务；每天一单团购，为商家找到最合适的消费者，给商家提供最大收益的互联网推广服务。如图6-11所示。

图6-11　美团上团购火锅的页面

（三）饿了么

饿了么于2009年4月正式上线，主营在线外卖、新零售、即时配送和餐饮供应链等业务。

饿了么整合了线下餐饮品牌和线上网络资源，用户可以方便地通过手机、电脑搜索周边餐厅，在线订餐、享受美食。饿了么率先提出C2C网上订餐的概念，为线下餐厅提供一体化运营的解决方案。

二、善用团购方法与手段

（一）餐厅做团购的方法

1. 弱水三千，只取一瓢

比如餐饮企业是真的想做特价菜、活动套餐，还是想让更多的人知道你新开了一家店，区别很大。如果是店内本身就想做活动的话，那么建议选1～2款特价菜或者活动套餐，切忌所有产品都搞特价，那样就是告诉消费者店内出品物无所值。

如果餐饮企业只是单纯地做广告，那就出大额套餐，一个月都不会有几人团购的那种，只是做广告。或者出一个爆单，如做锅品团购时，要配合几份点单量较高、毛利比较高的菜品组合推出套餐，这样不仅帮助顾客省略了点菜环节，提高了店的知名度，而且口味足够正点、服务足够贴心、店内环境还算好的话，想必消费者在下次吃大餐时也一定会记得这家店。

2. 识时务者为俊杰

团购可以只做一期，具体一期的时间段多长，可以和团购网站的业务员协商。比如最近本来就是生意的旺季，那么就先停团购，等到淡季再来做。

3. 知己知彼，百战百胜

餐饮企业要通过团购网站来了解竞争对手的情况，包括方圆3公里内都有哪些和自己相同品类的店，其菜价如何、环境如何等，这些都是免费且最真实的信息，经营者要善于捕捉、分析并利用。

（二）团购的手段

1. 新品团购

为餐厅推广新的服务和产品进行快速传播获取市场关注。

2. 时段团购

给餐厅开辟新时段消费服务带来帮助，可提高非主营时段的经营业绩。

3. 组合团购

给餐厅促销针对性的产品及服务带来帮助。

4. 座位利用率团购

给餐厅提高包厢等大桌利用率带来帮助。

三、设计好团购餐饮类组品

（一）不搭配完整套餐，创造二次消费机会

一般情况下，套餐内是不会有饮品的，如果是双人餐的话，小吃配一份，三人餐内的小吃配两份。如果是火锅类的只做菜品组合，不包含锅底小料等。

（二）突出特色菜

套餐中必须有一个主菜或者特色菜（招牌菜）才能吸引顾客。

（三）让套餐内容显得更丰富

可以把套餐设置成多选项，如小吃五选二、菜品四选二。在套餐详情页中把所有菜品都展示出来，在带货视频中，要拍摄包含的所有菜品。

（四）搭配出餐较快的菜品

套餐组合时要尽量搭配出餐较快的菜品，减少顾客的等待时间，否则出餐不及时会造成排队、退款等客诉问题，得不偿失。

特别提示

建议做成双人餐，好处在于：

（1）便于结算。自助餐普遍抽佣较低，客单价不高，导致结算金额较少，双人餐更能提高客人的积极性。

（2）创造二次消费，如果有单数人去吃饭，另外一个人必须走正价。另外，1.2米以下儿童本身就是免票的，包装的时候可以把套餐写成家庭餐，或者2大1小，这对顾客来讲更有吸引力。

四、善于转化潜在客户为固定客户或核心客户

对于餐厅来说，团购可以以比较低的营销成本把潜在客户吸引过来用餐，至于能否把潜在客户转化为固定客户甚至核心客户，就看餐厅的服务以及用户体验了。

如果餐厅的服务周到，用户体验也很好，潜在客户就会有极大可能转化为固定客户或核心客户，并主动为店铺做口碑营销。因此，做好餐厅的出品标准、日常服务，提升顾客的用餐体验才是餐厅营运的核心。

（一）重视活动

每一次团购活动都不要盲目地去做，而是要确定专门的人去负责，注意团购

活动的每一个小细节，因为做团购活动就是为了吸引客户，然后把客户转化为自己的忠实客户。所以，餐饮企业要重视每一次团购活动。

（二）菜品

做团购活动的菜品价格通常很低，但是餐饮企业不要被价格的优惠给误导，不是价格低就可以不注重菜品的质量，相反在团购时更应该注重菜品选料，要让客人看见餐厅的高品质。菜品也要有特色，一定要把更好的一面在客人用餐时展现出来。

（三）服务

餐厅的服务更不可忽视，好的服务能赢得更多的顾客认可。海底捞就是靠服务赢得了市场，菜品质量是基础，另外靠服务打感情牌，赢得了非常多的忠实客户。

（四）转化

一个餐厅的人气有了，生意自然就好了，搞团购活动也是为了增加人气，在客人到店时可以收集客人意见，并加以改进。另外，在团购的基础上可以再送给大家一些实惠，如送会员卡并告知成为会员的好处，从而将团购客人转化成会员。也可以设个会员日来给足会员优惠，鼓励顾客带人就餐。

第七章　餐饮企业直播营销

·章前导引·

自互联网快速发展以来，企业营销的方式从官网延伸到微博、微信公众号等。现在，直播营销渐成营销新常态，直播营销在快消品领域的快速变现，让不少餐饮企业把直播营销纳入自己的常规营销方式之中。直播营销，便成了当下餐饮品牌借势出圈的必然路径。

第一节　餐饮企业直播营销概述

一、何谓直播营销

（一）直播营销的定义

直播是指在现场随着事件的发生、发展进程同时制作和播出节目的播出方式。直播营销是以直播平台为载体的营销活动，达到企业品牌提升或是销量增长的目的。

（二）直播营销的步骤

1. 准确定位用户

首先搞清楚产品的直播受众是谁，是面向大众还是特定的推广群体，营销的前提是企业深刻理解客户需求和自身所能提供的产品。只有营销手段与企业自身的特质相符，才能真正达到宣传企业形象的目的。

2. 选择合适的直播平台

现在市面上的直播平台纷繁复杂，知名的直播平台大多有自身独特的定位，企业可以根据这些直播平台的特质，寻找适合自己的。

3. 设计有效的直播方案

直播的关键在于最后的执行方案，所以企业需要在设计直播方案的时候就让整个营销部门的人员参与，这样才能做出一套适合自己企业的直播营销推广方案。

4. 有效的直播反馈

企业直播营销的成败最终要看实际转化率，不管是直播前还是直播后，及时的反馈是非常重要的，实时的分析评判可以持续修正企业在直播中的行动，在不断强化直播效果的同时，也可以为今后的直播营销积累更加宝贵的经验。

（三）直播营销的策略

1. 打赏、广告营销

网络直播平台充分利用主播来获取利益，用户花钱买礼物、道具来送给喜欢的主播，主播在层层扣款后与平台进行分成。网络直播平台通过在内容中植入产品广告，进行视频宣传。用户喜爱自己的主播，对于主播所推销的产品很容易爱屋及乌。直播平台接各种广告，广告商利用直播势头买取其版面来达到互利的营销目的。

2. 垂直营销

在移动互联网时代，垂直营销模式激活用户需求，能给用户更全面的认识与直观感受。用户可在直播间与主播、商家直接沟通提问，了解更多信息；用户可通过弹幕与主播、商家互相交流、讨论，形成互动。垂直的营销模式提供了优质内容，形成良性循环，提高了互动性，打破差异化获得大量流量，使平台进入全新发展阶段。这也是虚拟的平台流量得以变现的方式。

3. 技术营销

随着VR（虚拟现实）技术的迅猛发展，部分直播平台开始应用VR技术。VR直播突出了直播现场巨大的冲击力，主播和用户的互动特征需要主播掌握VR技术，往往又忽略了与用户互动的核心，用户因此把过多的焦点放在视觉效果上。2017年3月16日，花椒平台首次推出机器人直播，“图图”和“灵灵”开启全球首次机器人直播，一开播就吸引了百万用户流量的围观。花椒平台当日收到的礼物折合人民币54万元，为网络直播平台带来了更多的潜力和想象空间。

二、直播为餐饮企业带来的益处

直播平台有巨大的流量，只要把握得住，就能够给品牌带来巨大的曝光度。

除了曝光，餐饮企业通过直播营销手段，也能够达到引流、增加产品销量的目的。通常餐饮直播销售的产品分两种，一种是像代金券、兑换券、优惠券等卡券，消费者通过直播平台下单购买，到门店进行消费使用；另一种是新零售产品，消费者下单后由餐饮商家直接安排配送。

（一）加深消费者对品牌的认知

通过短时间且集中的线上直播，把餐饮人或者餐饮品牌推荐出去，相较于传统的媒介推广方式，更加快捷、直接且反馈迅速。

看直播的大多数是年轻人，他们可能之前对餐饮品牌没太大认知，或者认知比较浅。餐饮企业完全可以通过直播展示企业文化、团队氛围、服务和产品等，以此来曝光品牌。

（二）得到更多的关注

得到关注是每个餐饮品牌获得生命力的关键步骤。通过直播这一互动性极强的形式，把自己营销出去，随时获得直观的反馈，是品牌营销的捷径。

餐饮直播可以作为餐厅重要的引流渠道。通过线上直播的方式，餐企可以将用户引导到自己的线下店铺以及私域流量池。

（三）帮助品牌提高线下门店的人气和销售额

直播是一个很好的销售渠道，可以帮助品牌提高销售额。

奈雪的茶做的一次生日季限定储值卡的直播，72小时就销售了1.9045亿元，相当于奈雪的茶700家店近一周的销售额。在北京火了40年的老字号紫光园，首次直播就创造了高达480万元的日销售额。

直播除了提高销售额，还能带动线下店铺的人气。根据连锁火锅餐厅小龙坎相关人员的描述，小龙坎某次直播期间，就引导了近5000名线上消费者到店。

（四）有助于打消顾客对门店食品安全的顾虑

对于餐饮业来说，食品安全一直都是重中之重，也是一些品牌被诟病的死穴，直播可以直观地把一家餐厅后厨的食品安全信息传递给消费者，获得消费者的信任。

（五）直播拓宽了餐饮企业的销售渠道

流量已经成为第四成本，品牌要出圈，广告得打到年轻人的眼前去。

当经营环境发生改变，媒体环境发生改变，企业的成本结构也就随之发生了改变，流量传播成本，成为营销的第四成本。在“10家餐馆抢1个顾客”的竞争红海中，“出片率”已经是决定年轻人去哪些餐厅吃饭的重要因素。很多传统餐饮企业都对做营销不屑一顾，但不得不说的是，跟上年轻人的脚步，才是不被时代淘汰的不二法门。

这个时代的主流消费者都在新媒体上，小红书、抖音、大众点评等是年轻人“种草”传播的重要阵地，如果品牌不基于目标消费者的特点去制造传播的话，就无法“出圈”并形成品牌。

三、餐饮企业直播的弊端

（1）在餐饮人直播的过程中，如果把握不好其中的度，着重给品牌打广告，容易造成用户反感从而带来用户量下滑的不良后果。

（2）直播是一个实时操作的内容，在它进行过程中的每一个元素都会毫无保留地呈现在受众的面前。如果过程中有不当之处，直播失误也会带来难以估量的负面影响。

（3）卫生隐忧。后厨作为餐饮行业的七寸，要经得起视频的考验，才能玩得了直播。不然给受众看到卫生上的隐患，绝对是场毁灭性的灾难。

第二节　餐饮企业直播运营要点

一、餐饮企业直播的方式

截至目前，餐饮直播的方式可分为如图7–1所示4种。

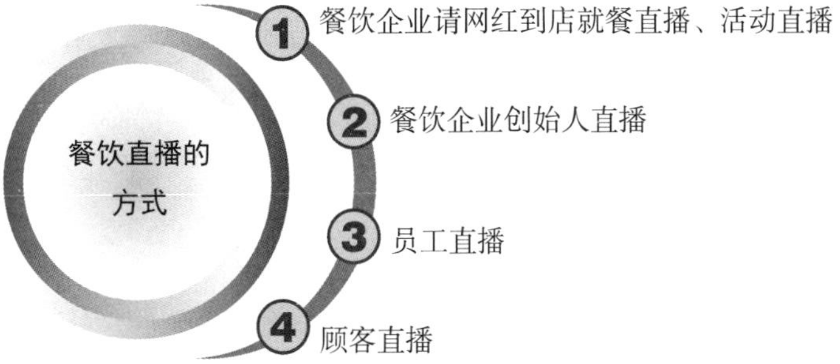

图7-1 餐饮直播的方式

（一）餐饮企业请网红到店就餐直播、活动直播

操作步骤：

（1）挑选5～10名泛娱乐主播。根据网红的属性（专注领域）及层级（粉丝量）挑选出与餐饮品牌调性相符的网红。目前直播界在餐饮垂直领域或与餐饮相关的网红很少，大多以泛娱乐（颜值、唱歌、跳舞、卖萌等）网红为主。泛娱乐网红的劣势是：精准粉丝少，对餐饮品牌的导流效果难估量，但同时也具有成本低、广撒网这些不可否认的传播优势。

（2）将餐厅环境特点及餐厅出品的主打及特色、直播当天送福利方式等，以书面（电子）资料交予主播熟读。

（3）主播于直播活动前1～2天在自己的所有社交平台发布预热信息，宣传活动时间、活动的福利以及直播地址。

（4）活动当天主播们同桌直播就餐，将餐厅出品的主打及特色用自己的语言表述出来；其间主播可随机在餐厅内走动，展示并介绍餐厅环境，随机简单、娱乐性地采访餐厅厨师等。

（5）就餐过程中，主播在某个特定时间点，开始向粉丝们发券（粉丝必须添加公众号才能领券）。

（6）在公众号上设置关注回复话术，用利益引导粉丝转发广告文章或图片，进一步提升曝光量，最终留存粉丝至微信私人号。

（7）直播结束，在餐饮行业自媒体及各个相关平台上发稿，将此次“餐饮+直播”塑造成餐饮行业营销案例。

拓展阅读

餐饮企业直播如何选择网红

现在的直播已经由最初野蛮生长的秀场直播过渡到垂直细分的各式直播，依靠高颜值撩拨式的直播依然有市场，但真正在直播平台赚大钱的却是那些有内容、有个性、有价值的草根明星，比如以幽默自制小视频走红的papi酱、靠高衣品走红的张大奕。

网红走红的方式和原因不尽相同，因此并不是说粉丝多效果就一定好，而要看网红调性、网红是否专业对口、地域属性、网红的粉丝构成等。

一、网红调性与餐厅风格契合度越高，专业越对口，效果越好

比如，餐企在选择网红直播的时候，就不能选择一个秀场主播或娱乐主播，因为“专业不对口”。

在选择美食网红的时候，也不能选择“喊菜哥”这样的烹饪类网红，“喊菜哥”简单粗暴的美食教程让网友直呼“惹不起惹不起，我学我学”，有网友评论，“喊菜哥把螃蟹都吓得倒退两步”，所以像“喊菜哥”这种烹饪类的美食网红是不符合餐厅调性的。

餐厅请网红来，是为了引流、品牌曝光，不是为了把专业厨师换成“喊菜哥”这样的有趣厨师，因此，餐厅应该选择那些人气高的美食推荐类的网红，他们要有推广经验，懂得在传达餐厅综合体验的同时，自然地向粉丝告知餐厅的品牌、地理位置。

二、以地域美食网红为入口

餐饮是典型的服务业，需要用户去身临其境、现场体验，这是其与零售行业最大的不同，商品可以通过物流抵达全国的每个角落，但餐饮是有消费半径的，即便通过外卖，也只能辐射到周围5千米左右。

因此，地域是餐饮网红直播的一大制约因素，在选择网红时，要以某个地域为基点，选择该区域内人气高的网红，如果餐厅遍布北、上、广、深等一线城市，就选择一线城市中粉丝较多的网红。

三、重视粉丝结构

在直播平台中，有个专业指标，叫千人打赏指数，也就是看1000个人观看，网红能收到多少打赏，这个指标反映了粉丝单位购买力的高低，如果餐厅的客单价较高，但网红的粉丝购买力低下，效果可能就会大打折扣。

（二）餐饮企业创始人直播

餐饮企业创始人直播优势是：品牌人格化，创始人个性=品牌调性，易传播，更加真实；在餐饮行业内的传播效果较好，创始人很容易成为餐饮行业里的话题甚至争议性的人物，毕竟在行业里大部分人还是非常踏实和务实的。操作步骤为：

（1）确定直播内容：讲述餐厅从0到1到火爆的创业历程（干货）。

（2）在现有的微信群、微信公众号、全体员工的朋友圈等进行大量的宣传预热。

（3）在餐饮行业自媒体大号上发稿宣传预热。

（4）开始直播，直播过程中发放几轮红包/券，并引导粉丝转发直播链接扩大传播面。

（5）直播中与粉丝互动，放出创始人微信号，让粉丝添加，并说明第8名、第18名、第28名、第38名（以此类推）将获得100元红包，留存粉丝至个人微信。

（6）直播结束，在餐饮行业自媒体大号上发新闻稿，将此次直播打造成餐饮行业营销案例。

（三）员工直播

由员工自己直播，满足“90后”“00后”爱表现的心态，直播打赏也可作为公司奖励的政策，让员工增加收入。员工直播的目的在于传播企业文化。直播的内容为员工工作内容：活力的早操舞蹈、热情接客的服务、快速换桌台技能、切菜技能比拼等。

特别提示

员工直播会有一些问题，比如直播过程中把控不当，一不小心曝光了餐厅的卫生死角等，所以在没有形成很好的全员直播机制之前，应把员工直播权交由餐厅中高层领导掌控。

员工直播的操作步骤为：

（1）餐厅中高层领导直播员工工作内容。

（2）对一些员工的出色表现及时进行直播表扬并且采访当事员工。

（3）直播员工的会议、户外活动等。

（4）偶尔直播一下员工下班后的生活等。

（四）顾客直播

顾客直播与很多商家“转发朋友圈/大众点评好评送××”等是一个道理，就是用利益去引导顾客打开直播做分享，做口碑传播，增加品牌的曝光量。其操作步骤为：

（1）建立鼓励（利益）机制，引导顾客直播分享。

（2）试行一段时间之后，在餐饮行业自媒体大号及相关平台上发稿，将餐饮“品牌+直播”塑造成餐饮行业营销案例。

（3）将直播顾客重点备注，此类愿意分享的顾客是餐饮企业做传播不可或缺的中坚力量。

（4）为直播顾客建一个群并设专人维护，尽力维持群活跃，以备日后各种传播之需。

二、餐饮企业直播导流技巧

品牌曝光往往是基于餐厅开业，或在老用户面前刷存在感，网络直播的方式会让用户很快就活跃起来，但也可以通过以下方法直播导入客流。

（一）请本地美食主播

地域属性是引流的一大关键，过去一些餐厅砸钱请了网红，网红也很卖力推销，但转化率却不高，就是没有注意地域性的问题，这一问题可以通过请本地美食主播来解决，可以通过多次口播地理位置和交通方式来强化用户记忆。

（二）为餐厅构造场景，给用户更多“来”的理由

美食的解决方式很多，可以选择点外卖，也可以选择自己烹饪，但如果想搞一些更有体验性的活动，就必须走出家门。可以借鉴“直播+美食+旅游”的思路，为餐厅构造更多场景，比如可以直播餐厅附近的吃喝玩乐设施，还可以策划

一些除了美食之外的特色，如沉浸式体验。总之，要向用户传达“好吃+好玩”的信息。

（三）发放福利

餐饮直播时配合一系列的营销活动把直播间的用户引导到餐厅，比如凭直播截图送小食，又比如让主播在自己的直播间发起团购，鼓励粉丝到店消费，还可以选取幸运粉丝与主播拼桌，这些粉丝很有可能在朋友圈晒合照，这样又会形成二次传播。

（四）展示厨师魅力

主播可以向粉丝展示厨师娴熟的刀工、独特的烹饪方法，与粉丝形成互动，用自己的语言向粉丝传达菜品的制作过程，还可替粉丝向厨师咨询菜品烹饪的相关问题，主播也可以自己体验炒菜的过程，增强粉丝的代入感。

（五）监控直播

监控直播就是把监控拍摄到的内容用直播的形式展示出来，监控直播相较于传统的手机直播来说，视角更广且更具真实性，所以更适合餐饮店、零售店、景区等长期固定经营的场所。并且，监控摄像头本来也是餐饮店必不可少的安防设备，如果能在安防的基础上，利用监控直播给餐饮店做宣传，吸引客流，可以说一举多得。

案例

小猪查理喊麦舞蹈气氛火爆

“小猪查理”品牌诞生于2018年，通过对传统火盆烤肉的继承与创新将原生态烤肉的民族美味与川蜀小巷文化做充分融合，打造出有别于日韩烤肉，真正属于中国人自己的民族特色烤肉品牌（如图7-2所示）。发展至今，全国门店已超500家，遍布全国超120座城市，是川式烤肉细分赛道的一匹黑马。

图7-2　小猪查理的宣传推广

一、直播数据

小猪查理是一家口碑很火的网红餐厅，其抖音直播月经营数据和场次数据如图7-3所示。

图7-3　小猪查理抖音直播月经营数据和场次数据

二、直播亮点

小猪查理直播前期做了充足的私域流量调动和宣传，直播前多家门店线下铺设物料和多渠道转发直播预告，并且准备了5条官号视频和50+达人视频在直播前有节奏地发布，大大提高了直播信息的传播量。本次直播形式采用怼菜播和坐播交替进行，怼菜播时展示菜品多样性和高品质，坐播时穿插着比较火爆的喊麦和舞蹈拉动人气，整体直播间气氛较为火爆（如图7-4所示）。

图7-4　小猪查理的直播画面

三、营销工具使用

福袋每10分钟发放一次（单人自助券），点赞、截屏送周边小礼品。

前期充足的视频预热和私域流量调动保证了直播的流量健康情况，批量达人集中发布视频能带来较高的曝光量和品牌知名度，视频和直播的关系是相辅相成的，视频能给直播带来更多的流量，从而帮助提升直播的数据表现；本场直播数据较好的原因离不开活跃的直播气氛和丰富高频的直播福利，满屏的菜品和手卡玩偶等道具提高了直播间的丰富度，活泼有才艺的主播和多种福利带动了直播间气氛高涨。

拓展阅读

餐饮企业直播话术

一、开播话术

开播话术的内容：介绍你是谁，你在哪里，你是卖什么的。

示例："大家好，我是××，我在××（地名）经营一家××馆已经

5年多了，主营的是煮羊头、骨包肉、司铜锅涮羊肉，我们家的羊肉均来自内蒙古。”

二、欢迎话术

给大家介绍完了自己，接下来就是欢迎进直播间的朋友们了。主播可以这样说：“今天是我的首播，我刚刚上线，现在的心情有点儿紧张和激动，我准备了很久才鼓起勇气去摁下这个开播键，刷到我直播间的朋友们，您可以停留几分钟，这是对我一个餐饮主播最大的鼓励和支持，如果您哪天开播了，我也会同样地去支持您，也邀请您听听我的直播，提一下宝贵意见。”

三、直播间六大数据话术

要想餐饮直播间完成持续推流，让直播间的朋友点赞、分享以及关注是少不了的。以下还是以羊肉馆为例来说明：“我是一个开羊肉馆儿的餐饮老板，如果你是我们家老顾客，扣拨1；如果你是我同城的老乡，好，扣拨2；如果你想来我店里尝尝菜品的，那就扣拨3。感谢我直播间的朋友们，给我点一个关注，屏幕中间点点赞，主播马上给大家上福利，喜欢我们家的菜品、觉得很实惠的家人们，可以把我们的直播间分享给你的朋友们，让朋友们也能抢到这波福利！”

四、卖套餐的话术

当直播间在卖团购套餐的时候，不要一直说我们原价多少钱，现价多少钱，这样子，你说不了几句就没词了，特别尴尬。要把两个小时的直播播下来，需要学会去讲故事，比如我们餐饮店的羊肉产地在哪里，我为什么要开这家餐饮店，我的技术是跟谁学的，我做了什么样的改良，原价多少，我卖了多少单了，直播间有什么优惠之类的。

五、福利/催单话术

要想促成用户下单，最简单直接的方法就是给大家发福利。那么有福利怎么说才能让大家觉得这是不容错过的大福利呢？可用以下的话术引导观众：“进入直播间的家人们，右下角给大家准备了很多个套餐，无论你是朋友聚会、家庭打包，或者是到店享用，都能满足你，福利不是天天有，新进的家人们不要犹豫，抓紧时间下单！”

除此之外，我们还可以用劝导和福利价格优势的方法来进行催单成交。

劝导话术如下：

（1）“份数有限，先囤着，囤完再说。”

（2）“你先去抢秒杀，抢完我来告诉你怎么最省钱。”

（3）“库存不多了，大家抓紧拍，不管你吃不吃，先囤着，抢到就是赚到。”

（4）“马上开始秒杀，数量不多，只有10份。”

（5）“如果你现在还在犹豫，那我告诉你，今天这个买卖是完全没有后顾之忧的！你现在下单可以随时退，但是今天出了直播间这个优惠再也没有。所以今天能多囤就多囤！不买之后再也没有！”

福利价格优势催单话术如下：

（1）“这个价格，下播就没有了。错过了就别再私信我。明天有没有，明天没有；下周有没有，下周没有；什么时候再有，不知道。所以一定要抓住今晚直播间的机会，赶紧抢购！”

（2）“这次福利只有直播间才有，限时限量，一定要抓住机会，下播就没有了。”

（3）“你可以现在立刻搜索其他商家，这真的是在直播间才有的价格，先拍下再说；不管是家庭聚会、公司团建，还是同学聚会，这个价格都是不亏的！”

第八章　餐饮企业短视频营销

·章前导引·

在网络营销高歌猛进的当下，不得不提的是短视频营销。几十秒或者几分钟的短视频，创造了一个又一个的营销神话，一跃成为餐饮营销界的闪耀新星。快手、抖音、火山、美拍、秒拍等几款热门社交短视频应用软件的月活跃用户在持续增加。对于餐饮服务行业而言，社交短视频的出现，让餐厅线上和线下的流量管理得以实现融合，而虚拟的流量也转化成了摸得着的“真金白银”。

第一节　餐饮企业短视频营销概述

一、短视频营销的含义及优势

（一）什么是短视频营销

短视频目前是最受互联网使用人群喜爱的内容形式。与纯文字相比，短视频更加生动形象、包含的信息量更大，收看短视频所花费的注意力更少。短视频营销是指企业和品牌主借助短视频这种媒介形式进行社会化营销的一种方式。

（二）短视频营销的优势

1. 互动性强，沟通更方便

短视频营销很好地吸取了网络营销的优点——互动性很强。

几乎所有的短视频都可以进行单向、双向甚至多向的互动交流，对于企业而言，短视频的这种优势能够帮助企业获得用户的反馈信息，从而更有针对性地对自身进行改进。对于用户而言，他们可以通过与企业发布的短视频进行互动，从而对企业的品牌进行传播，或者表达自己的意见和建议。

这种互动性使得短视频能够快速地传播，还能使得企业的营销效果实现有效提升。

2. 低成本打造高效传播

与传统的广告营销少则几百万元、多则几千万元的资金投入相比，短视频营销的成本算是比较低的，这也是短视频营销的优势之一。成本低主要表现在三个方面，即制作的成本低、传播的成本低及维护的成本低。

在制作短视频时，需要具备几个重要的条件，才能持续打造出质量上乘、能够吸引受众目光的作品。

（1）富有创意性、趣味性的良好内容。

（2）团队具备高效的执行力。

（3）团队齐心协力。

短视频是否能够迅速地传播，关键在于短视频的内容有没有真正击中用户的痛点和需求点。

3. 购物方式快捷方便

短视频营销的效果比较显著，一是因为画面感更强，二是因为短视频可与电商、直播等平台结合，实现更加直接的销售。

它的高效性就体现在消费者可以边看短视频，边对产品进行购买，这是传统的电视广告所不能拥有的优势，因为一般消费者在观看了电视广告之后，不能实现快捷购物，一般都是通过电话购买、实体店购买及网上购买等方式来满足购物欲望，但在这些方式中，消费者都不可避免地会遇到一些问题，如在电话中无法很好地描述自己想购买的商品的特征、不想出门购物等。

短视频营销的这一优势从消费者的购买行为上来看很明显，一般消费者在观看电视广告后较少产生购买的行为。一是因为电视广告没有相关的产品链接，购买不方便；二是因为随着移动互联网的迅速发展，消费者多喜爱以网购的方式进行消费，因此，电视广告的受众范围有所缩减，短视频营销就在市场中占据了一席之地。

4. 锁定目标客户，精准营销

与其他类型的营销方式相比较，短视频营销还具有指向性强这一优势，因为它可以准确地找到企业的目标受众，从而达到精准营销的目的。

（1）短视频平台通常都会设置搜索框，对搜索引擎进行优化，目标客户一般都会在网站上对关键词进行搜索，漫无目的地闲逛的可能性不大，这一行为使得短视频营销更加精准。

（2）短视频平台会发起活动和比赛，聚集用户。

5. 迅速传播，激发兴趣

短视频营销还拥有传播速度快、难以复制的优势，因为短视频营销本身就属于网络营销，所以短视频能够迅速地在网络上传播开来，再加上其时间短、适合现在快节奏的生活，因此更能赢得广大受众的青睐和欢迎。

6. 营销效果可数据化跟进

短视频营销本身就属于网络营销，因此可对短视频的传播和营销效果进行数据分析。一般而言，短视频营销的语言，都是由数据构成的，大致可分为：

（1）点击次数，浏览量。

（2）转载次数，粉丝数量。

（3）评论个数以及互动效果。

这些语言形式基本上都是公开的，不管是社交平台的短视频，还是垂直内容的短视频，都会展示播放量、评论量等。

短视频营销效果可以进行数据化的跟进，企业可以分析衡量短视频营销的具体效果，可以筛选促进销量增长的短视频，可以给市场营销方案提供正确的引导。

拓展阅读

直播与短视频的区别

一、直播

直播往往与资金往来强关联，最常见的如刷礼物、卖货等，并且与用户的黏性更强，因为产生了货币的流通；往往一场大V的带货就可以短时间内清空一个仓库，创造几分钟上千万元的销售业绩；同样用户观看直播的目的性也更强，先有“需求”，再有“行动”。

主播们为了达到观看人数的最大化，大多数会选择用户相对空闲的时间进行直播，也就形成了现在我们看到的每天固定时间直播；当直播结束后用户再想看前几分钟的内容或者往期内容时时间成本更高，需要花费更多的时间去找往期内容，而往期内容因为销售已经结束，观看的意义也不大。

二、短视频

短视频与直播有的时候截然相反，用户与内容生产者产生资金往来的概率非常小，它们之间更多的交流源自"信息"；短暂的视频有时候仅传达一个点，用户在更短的时间内自然可以接受更多的"信息"，被内容吸引的用户极大概率能方便地查阅以往内容，反复接受"信息"，这就是推广主们最愿意看到的情况。

内容的制作当然也有门槛，策划、演出、拍摄、剪辑缺一不可，正因为门槛更高，"你看到的是我想让你看到的"这一特性就更强，完美地规避掉一些人们不愿意展示的部分。

餐饮业态的发展决定了大部分餐厅没有经得起物流快递的"产品"在线上销售，作为一个做"吃"的行业，始终是以门店周边5千米范围内的顾客为主要消费对象，对于推广、引流、转化、口碑等关键词好像是有天生的需求；而短视频的推荐机制就像是为门店量身定制的一样：推荐给粉丝→推荐给以设备定位为圆心的5千米区域→推荐给同城→推荐给全国用户。其中美食类的内容一旦被平台识别并打上标签，推荐给本地用户的比例会急剧升高，同时，依照千人千面的算法，大部分流量来自未关注你、喜爱你生产的内容的人群，这意味着几乎没有花费成本就获得了非常精准的用户群体。

二、餐饮企业短视频推广的优势

（一）用户量大且年轻用户居多

经过近几年的发展，短视频应用已拥有超过7亿的用户量，日活量高达3亿多人，以年轻用户"90后"居多，而现在年轻人找餐厅吃饭前都喜欢在网上找攻略，打卡网红餐厅成了他们的日常爱好之一。

（二）广告用户定位精准

短视频凭借着其庞大的用户群和基于算法的流量分发系统，能够精准地匹配广告与用户，让有潜在消费动力的用户看到广告内容，实现广告效果最大化。

一名抖音用户在海底捞用米饭、牛肉粒、番茄汤底自制番茄牛肉饭并配上短视频自带的BGM被火速传播，自制番茄饭引起年轻人的好奇，不少食客慕名前来。后来短视频应用也相继出现了海底捞的各种新鲜吃法和玩法，以及吃垮海底捞的办法，导致海底捞涌入了大批跟风来排队体验短视频吃法的网友，一时间海底捞没有掏广告费就火了一把。

火遍短视频应用的“答案”奶茶，也是餐饮业在短视频营销中一个特别成功的案例。一般的奶茶无非水、牛奶、糖、奶精等，配以珍珠粉圆、果粒、布丁，而“答案”奶茶里加入文字性的“答案”，这就立马有差异性了，这也是这款奶茶的创新之处。“答案”奶茶利用了消费者的猎奇心理，其次这种一问一答的奇妙解忧方式，能给消费者提供心理安慰、宣泄负面情绪的体验。

拓展阅读

抖音与餐饮企业

一、抖音公正的推荐机制，小企业也有一席之地

抖音的流量载体也称流量池，流量池分为三级，达到了第一级的标准以后才能被推送到第二级的流量池，到第二级的流量池规定符合标准以后才能到达第三级的流量池，推荐方式也相对公平公正。简单来说，你在抖音发布了一条视频，平台会给你进行推送，当这条视频的浏览量、点击量、关注量、评论数等达到一定的量时，抖音后台会帮你推送到第二级别的流量池，让视频得到更大的曝光。那么，在二级流量池里有喜欢的用户进行点赞分享，视频将会进入第三级的流量池。正是因为抖音的推荐机制相对公平，缩小了初出茅庐的餐饮企业与知名品牌之间的差距，让小企业不再举步维艰，可以在抖音营销上争一争。

二、用户群体活跃度高、消费能力强

抖音经过近几年的发展，拥有很多年轻用户，据统计，2020年抖音月活跃用户最高达到5.12亿人，用户主要是“80后”“90后”和“00后”，年轻用户群体对App的使用熟练度高，对新事物的兴致高且适应能力强，具有超前的消费意识。餐饮行业的主要受众人群以年轻群体居多，因此餐饮行业在抖音上进行营销能够达到较好的传播效果。

三、用户更精准，转化率高

抖音后台有强大的算法功能，可以通过用户量和算法机制进行分发，针对用户投放其感兴趣的内容，能够更好地激发用户的消费心理，实现价值转化。

四、生动的展现形式，刺激消费

视频的特点是可以将产品生动形象地展示出来，可以做到文字和图片表达不了的效果。以音乐作为视频的切入点，形式多样，画面可以清晰地表达出食品的美味，内容可以录制食品的制作过程、试吃过程等。

三、餐饮企业短视频营销方式

目前餐饮企业在短视频营销上有与官方合作、与自媒体合作、自主运营三种方式。

（一）与官方合作

较大品牌并有充足的资金预算的企业往往都选择这种方式展开营销，流量更大、传播面更广。

（二）与自媒体合作

与自带流量的本地大号、本地达人合作；在费用有限的情况下实现营销效果最优化，也是中腰部品牌常用的营销方式。

与自媒体合作，原理基本类似广告投放；作为自媒体账号，拥有持续的优秀内容输出与专业的运营团队，粉丝量级更高，内容制作精良，更容易抓住用户眼球与滚动到更大的流量池。

短视频的转化路径主要是：内容→地址定位点击→收藏→到店，由于需要跳转，主要作用在于对品牌营销信息进行广泛的传播，由于美食类别本地流量更高的原因，非常适合餐企在区域内进行大范围的传播。常见且性价比非常高的投放方式为一个大号（100万粉丝以上）带数个小号（20万粉丝以下）逐步推送的方式，一方面可以获得更大范围的曝光，另一方面投放费用也相对较低，大多数餐企也能长期承受投放费用。

大号与小号在内容制作上一定有区别，其功能也有不同。大号粉丝更多，触达的用户更多。大号上的推广更偏向于提升知名度，就是把信息传达给更多用户；而小号作为补充，用户拥有更高的信任度，需要在内容上侧重“种草”，把餐厅更多的营销点、好的体验传达给用户。

（三）自主运营

这需要餐饮企业长期在运营上投入，但信息的发布与传播相对自主性较大。

餐企自建账号运营，在运营之初一定要明确账号的定位，因为只有精准的定位并持续性地输出同类别内容才能获得更多、更精准的流量。

第二节　餐饮企业短视频营销要点

随着互联网的发展，短视频逐渐成为人们获取信息的重要渠道。餐饮企业作为传统行业企业，在这个流量获取相对简单的红利期，如何为自己获取更多的流量，成为聪明的餐饮品牌老板首先要思考的事。那么，餐饮企业短视频营销的要点有哪些呢?

一、餐饮企业短视频营销的核心步骤

（一）设定位

定位的过程就是挖掘品牌价值、产品卖点以及目标受众需求的过程，以此明确短视频的核心诉求，再根据用户的兴趣点，选择合理的表现形式进行视频创作。

（二）设目标

餐饮企业在开展短视频营销时，必须要有目标。对短视频内容制作的质量、数量、传播次数、曝光度及互动转化等方面应当有相当明确的目标。

（三）创内容

内容是整个短视频的核心，内容质量的好坏直接决定了你的推广和曝光效果。餐饮企业在短视频脚本创作或制作短视频时，一定不能违背短视频整体的营销定位。在短视频创作时，可以参考以下几点方法：借助热点创作短视频、利用话题炒作短视频、结合明星八卦创作短视频、结合情感创作短视频、拍摄有趣搞笑的短视频、创作差异化的短视频、短视频中要有亮点、短视频中出现的人物颜值很重要。

拓展阅读

餐饮企业应该怎么做短视频内容

一、短视频内容制作的原则

短视频内容制作很重要，需遵行以下原则：

（1）稀缺：有看点，可以错位竞争，别人没有的你有，充分利用自己的低成本优势。

（2）有情：能引起用户的情感共鸣或触动心弦的内容，这样的内容最容易触发用户进行互动，西安摔酒碗网红店创作的短视频就是很好的例子。

（3）有趣：用户打开短视频应用看什么？不就是想看自己生活中没经历过或者不寻常的内容吗？比如某餐厅的隐藏吃法、某外卖骑手的绝佳厨艺等，非常能吸引用户的关注。

（4）有用：即内容对用户有价值。内容能够给用户带来些什么？用户能够从你这里收获些什么？要让用户有所收获。比如厨师教用户怎么去做菜、怎么品尝不常见的山珍海味。通过给到用户知识上的利益点，再逐渐转化到线下门店消费。其实这个行业天然就适合生产内容。

（5）有品：短视频应用中每天都有大量的内容生产出来，不管是PGC

还是UGC的形式，想要脱颖而出，视频的质量与品质必然是不能打折扣的。别人没有做过的类型固然火的概率更大，但坚持高质量地持续输出内容同样非常重要。

（6）垂直：持续输出垂直类内容，让你的目标人群关注你。

二、餐饮企业短视频如何策划选题

（一）角度不同、选题不同

1. 个人&餐厅角度

对于餐饮企业来说，最重要的事情是什么？让更多的人来吃？错，是菜品，是买菜、做菜！

所以买菜和做菜的短视频内容选题顺理成章，要让用户通过短视频获得更多有用的内容。什么样的内容对用户有用？可以是省钱技巧、省时间技巧、烹饪小技巧……

短视频内容选题举例：

便宜又新鲜，饭店大厨是怎么挑菜的？

自己做的鱼香肉丝总觉得跟店里味道差一点？你差了这一味调料！

……

2. 老板角度

如果以老板作为核心，短视频内容可以从餐饮的经营、菜品推荐、教消费者知识等方面入手。短视频内容选题举例：

老板教你宴请时如何点菜。

老板告诉你哪个菜必点、最值得吃。

老板揭秘开餐馆是否赚钱。

老板告诉你为什么海底捞的服务员那么拼。

老板告诉你夫妻店怎么做。

……

（二）餐饮企业短视频选题策划要点

（1）定位明确：拥有明确的定位。

（2）粉丝精准：聚合有相关需求的用户。

（3）内容稳定：集中打造一个内容方向。

餐饮企业要让自己的短视频内容有垂直度，宽泛的内容虽然吸引粉丝量大，但是不精准；垂直内容更容易吸引垂直粉丝，转化率更高。

三、餐饮企业短视频内容脚本怎么写

短视频运营前期，脚本写不出来长的，可以先写短的。下面为大家提供一个引流脚本结构：建议时长45秒，采用开头、中间、结尾三段式短视频内容结构，讲重点，不浪费一个字。

（一）开头

开头要有吸引力，通常时间为5秒，字数在20字左右。

可以爆点内容前置，或者有悬念的一句话，吸引用户继续看下去，提高视频完播率。

常用三要素：好奇、刺激、关系。

（二）中间

中间要说详细，通常时间为30秒，字数在130字左右。

视频的中间部分主要是干货分享、讲细节，比如讲述宫保鸡丁的做法。

（三）结尾

结尾要引发粉丝互动，通常时间为10秒，字数在20字左右。

结尾要把问题抛给观众，引导其点赞、关注、评论、转发。比如：下期你想学习哪道菜的做法？欢迎评论区留言。

四、爆款短视频运营脚本的五大要素

（1）稳定性：风格统一、固定时间发布、固定内容输出，更易于增强粉丝黏性，让粉丝养成收看习惯。

（2）矛盾前置：抓住黄金前7秒，吸引粉丝继续观看下去，而不是传统的平铺直叙。

（3）设置冲突：短视频内容可以缺少一定的逻辑性，但是一定要有个性和事件冲突。

（4）要有槽点：切记！槽点不是冲突点，而是粉丝有吐槽参与讨论的点。

（5）多用反问语句：多用反问句，少用肯定句，激发粉丝参与欲望。

（四）互动推广

短视频创作完不是直接发送出去就可以了，要有一个“吸引人的标题”和“吸引人的封面”，也要通过已有的渠道如公众号、社群等平台推广，拉动粉丝互动、点赞、留言。

二、餐饮企业短视频营销的策略

餐饮企业想要靠短视频打开营销之门，需要多关注以下三点短视频营销策略。

（一）先抓住客户，再卖产品

短视频是优质的获客渠道，但用户不是无端成为粉丝的。所以在餐饮企业短视频营销初期，需要积攒人气，与粉丝互动。当粉丝数达到一定量级之后，就可以将其转化为变现流量。

（二）深度运营，持续得到客户的关注

在短视频营销的模式下，获得流量的有效手段是为客户提供个性化、精细化的产品，让客户得到更好的消费体验，以便实现更高效的客户转化。

（三）将客户变成“合伙人”

在客户成为粉丝之后，餐饮企业的市场营销不能仅仅是为了转化一个客户，而是应发展自己的客户成为餐饮品牌的“合伙人”，通过客户的转发、推介等，获得更多的客户资源，赢得更多的订单。

拓展阅读

餐饮企业在抖音可以运用哪些营销工具

一、POI（兴趣点）

在抖音中，添加餐饮企业地址链接，用户点击链接即可进入线下商家的门店主页，查看更加详细的线下商户信息，例如商户地址、联系电话、优惠券、团购等。

关键点：内容展示、优惠设置、引导进店人群二次推广。

二、卡券

餐饮企业商家可以使用卡券工具创建优惠券，引导用户线上领券，到店核销。

三、团购

餐饮企业商家可以使用卡券工具创建团购套餐，引导用户线上购买，然后带动销售。

玩法：可以在自己的平台挂团购链接，也可以让达人挂团购链接。

三、餐饮企业用短视频引流的方法

餐饮企业可用如表8-1所示方法推动短视频引流。

表8-1 短视频引流方法

序号	内容	说 明
1	找网红推广	网红自带流量，有足够预算的餐饮企业可以请网红到店里进行吃播、大胃王直播等视频直播
2	邀请吃播、美食达人	其实这点和邀请网红主播直播是差不多的，他们自身有流量，费用一般都会在能接受的范围内。与他们合作，会在短期内迅速提升品牌知名度，提高消费转化率
3	包装品牌人物	有个知名的IP，会给顾客留下更深刻的印象，但请网红来拍摄短视频终究不长久，花费的资金太多，好的办法就是自己包装一个品牌人物，或者就由员工拍摄，制定相应的提成机制
4	投放DOU+	在产品、宣传网页、导流渠道等都准备好之后，就可以挑选近2天效果比较好、有爆款潜质的视频投放DOU+，把自己的账号打爆，达到放大的宣传效果
5	用高颜值的菜品、环境等做内容呈现	餐饮的主题是食物，喜欢欣赏美好的事物是人的本性，因而产品的颜值高会吸引更多的人前来打卡；当然，也可以打造高颜值的环境和高颜值的KOL等。很多餐厅装修得非常有特色，顾客去了就愿意拍照片和拍短视频进行传播

（续表）

序号	内容	说　明
6	展示有绝活的店员	一个有绝活的员工可以带动一个品牌迅速发展。如一场精彩的钢管舞表演后，某员工摇身一变成为专业的烤鸭师，还有如开啤酒瓶、剥虾等技能也是绝活
7	打造奇特的吃（喝）法	人的好奇心是非常重的，对新鲜事物都会忍不住好奇想尝试。所以很多餐饮店创造出有趣的摆盘、新鲜的吃法，往往吸引很多顾客前往打卡、主动宣传。这么做最具有代表性的是海底捞，除了服务，海底捞最热门的话题就是各种网红吃法
8	在餐厅拍摄段子	一般餐饮企业拍摄短视频都会选择在自家餐厅进行，但在餐厅拍摄短视频，不建议拍摄产品介绍或很死板没看点的视频，只为了宣传而宣传，往往适得其反。可以根据当下年轻人喜欢的内容去拍摄短视频，例如“单身狗”“男女关系”这种视频会比较受年轻人追捧，带动餐厅的宣传
9	引导顾客拍摄	顾客到店拍摄的短视频比店家拍摄的更具有说服力和吸引力，因为大家觉得顾客展现的是真实的一面，店家可能会美化、夸张。那么，餐厅就可以鼓励顾客拍摄帮助宣传，比如说发布与本店相关的短视频获得多少个赞可以得到什么
10	拍摄店铺营业状况	主要拍店铺生意红火的视频

案例

土货火锅店抖音短视频运营，客流提升40%

在火锅店遍地开花的川渝地区，想在激烈的竞争中成功出圈挑战重重。四川省遂宁市船山区土货火锅店，一家四川小城的连锁品牌加盟单店，在只有一个推广人力的情况下，通过“巨量本地推”投放仅3天，到店客流与团单成交量便显著提升。

一、优化账号内容，爆款短视频快速吸睛

全民短视频的时代，借助抖音进行门店曝光与消费引流，已成为众多生活服务商家的共识，船山区土货火锅店也不例外。自带氛围感的美食短视频，非常容易唤起用户的消费欲望，因此，商家需要优化作品呈现，通过吸睛的内容实现曝光量增加。船山区土货火锅店通过“菜品特写+长镜头+10秒时长”的创作公式，搭配菜品名称、热门话题/门店话题的内容，快速打造出超短爆款视频，轻松获得周边流量曝光（如图8-1所示）。

图8-1　吸睛的内容呈现

二、完善团品策略，阶梯式套餐组合促进消费

有了爆款视频的曝光，还需要有承接力的团购产品促成消费，从种草到转化一气呵成。商家可以根据产品类型与消费习惯，制定针对不同客群的团购商品套餐。船山区土货火锅店围绕消费者数量、团购商品价格等重要因素，分别推出引流款、性价比款以及上座款（如图8-2所示），让用户感觉“总有一款适合你”，满足了各类客群的消费需求。

引流款	性价比款	上座款
（超值2～3人餐） 降低客户选择成本，提升团购套餐售卖	（豪华4～6人餐） 最热销的团购套餐，依实际上座人数设计，调整菜品搭配	（超值8～10人餐） 承接部分团体用餐需求，提升店内高级座次的上桌率

图8-2　团品策略

三、明确投放策略，科学预算配比提升推化效能

接下来，是真正考验商家运营“功力”的时候了。好的内容和团购产品，借助科学的投放策略（如图8-3所示）能够指数级提升转化效能。船山区土货火锅店通过“巨量本地推”，先圈定门店附近10～12千米的广告覆盖范围，然后又针对门店推广、团购套餐推广，结合自身优化目标与预算，进行了个性化的搭配。

01 针对不同营销诉求，优化目标计划分别设置预算配比

★ 短视频推门店：30%

★ 短视频推商品：70%

（1）30%分配至引流款（2～3人餐），投放商品浏览、商品购买

（2）40%预算平均分配至性价比款（4～6人餐）、上座款（8～10人餐），皆投放商品浏览、商品购买

02 单套餐至少投放3条以上视频，单计划至少投放5条以上视频

03 按日维度复盘转化成本，以利长期出价与成本优化

营销目标	短视频推门店	短视频推商品		
转化目标	门店浏览	粉丝增长	商品浏览	商品购买
计划数／人	10	18	8	2
日预算／元	100～200	100	100	100
出价方式	智能出价			
人群定向	地域：门店附近10～12千米 性别/年龄：智能推荐			
创意素材	单计划至少投放5条以上视频			

图8-3 投放策略

面对不同客群的营销诉求，船山区土货火锅店设置预算配比，30%用于短视频推门店，70%用于短视频推商品，提升门店浏览、粉丝推广到商品购买转化率，实现小投入大收获的营销目标。

船山区土货火锅店正是通过打造爆款视频、推出阶梯式套餐组合、制定合理投放策略，又借助端午节假期流量营销节点，在短期内取得单日成单量提升11%、客流量提升40%的成绩，实现为门店抖音号涨粉、团购商品成单、周边客群引流的营销目标，从竞争激烈的周边环境中脱颖而出。

下篇

餐饮企业活动策划

第九章 餐饮企业营销活动策划概述

·章前导引·

中国的餐饮市场正在发生革命性的变化，消费者已不再仅仅满足于酒足饭饱，他们对餐饮产品的形式、外延甚至情感因素都会有所要求。消费者希望吃的已不只是食物，更要吃出体验、吃出品位、吃出健康。餐饮产品已经上升为一种全方位的服务，形象、包装、环境、特色、式样、品牌以及企业的文化，都是消费者进行消费选择的依据。所以对餐饮产品进行营销活动策划是必不可少的一环。

第一节 餐饮企业营销活动基本认知

一、餐饮企业营销活动的概念

餐饮企业营销活动是指餐饮经营者为了使顾客满意，实现经营目标而展开的一系列有计划、有组织的活动，它是一个完整的过程，而不是一些零碎的推销活动或广告宣传。通过餐饮企业营销活动的定义可以看出，餐厅利益与顾客利益是对立统一的，而营销活动是两者利益的协调者。也就是说，餐饮企业营销活动是依靠餐厅一整套经营活动不断地跟踪顾客需求的变化，及时调整餐厅整体经营方针，努力满足顾客需要，获得顾客信赖，通过提升顾客的满意度来实现餐饮企业的经营目标，从而达到消费者利益与餐厅利益的一致。

二、餐饮企业营销活动的意义

餐饮企业营销活动的意义主要表现在以下几个方面，如图9-1所示。

1. 让客人知晓——通过各种形式的营销，让客人知道餐厅的存在，知道其提供的产品和服务；还要提高客人对其形象、产品和服务的认知程度
2. 让客人喜爱——这就要求餐厅所提供的产品和服务首先必须能满足客人的需求。如果餐厅的产品和服务有不少不足之处，就应先提高质量，然后再向客人推销和介绍
3. 让客人偏爱——餐厅要着重宣传自己的产品和服务的特色，让客人对其产品和服务产生偏好
4. 让客人信服——信服是客人购买的前奏，也是促使其反复光顾餐厅的基础。因此，餐厅要通过营销手段使就餐客人对光顾餐厅所获得的体验、价值深信不疑
5. 促使客人光顾——餐厅通过各种营销活动让客人喜欢光顾和重复光顾

图9-1　餐饮企业营销活动的意义

三、餐饮企业营销活动的计划

在不断变化的餐饮市场环境中，为了使自己的经营决策不致迷失，在激烈的竞争中生存和发展，任何餐饮企业都不得不对自己的业务活动进行系统的规划，识别有利的经营机会，制定有效的销售策略、营销方案，从而使餐饮企业的发展不断占据市场的有利地位。

（一）自我定位

餐饮企业需要根据自身的现状，分析影响企业经营的关键性因素及存在的问题，如图9-2所示。

1. 活动环境 —— 成功的餐饮行业经营者能够意识到环境的变化，而且随着其变化能够懂得如何利用这些变化开展活动
2. 潜在目标客户 —— 根据市场的变化，对市场进行细分，在现有的客户群基础上，加大力度，不断挖掘新客户
3. 注重竞争对手 —— 全面了解竞争对手的营销活动方法，分析对手的优势，这样可以从竞争对手那里学到很多东西来加强自己的实力
4. 体 检 —— 通过自身的自我检查，并与竞争对手进行比较，便可看出自身和竞争者的优势和劣势，诊断出自身的现况，并判断对自身的发展是机会还是威胁

图9-2 餐饮企业自我分析的内容

（二）明确目标

餐饮企业营销活动目标是通过制定活动战略和活动计划来实现的。如何才能制定出一个好的目标呢？可以从以下两个方面入手。

1. 明确营销活动目标

针对不同的营销活动目标，采用不同的营销方法，但不要盲目地制定。如果餐饮企业的目标是增加人气，那么要制定一个维持回头客的目标计划，这样不至于以影响或者牺牲现有回头客为代价来赢得新顾客；如果餐饮企业的目标是增加利润，比如推出美食节活动，那么要制定出利润计划，否则会适得其反。

餐饮企业营销活动目标必须看得到、摸得着，而不要不切实际或者模糊不清。营销活动目标必须有一个范围，有时间性。

2. 制定营销活动战略和营销活动计划

对于餐饮企业的营销活动目标，都应有一个营销活动战略和营销活动计划，并且要详细地列出这个营销活动的行动步骤，让活动人员可以有章可循，不会盲目地、没有标准地去实施。

四、餐饮企业营销活动的策略

餐饮企业的营销活动策略主要包括五个方面，如图9-3所示。

① 人的策略	所谓人的策略，就是餐饮企业要有全员营销意识，企业的每个员工都是销售员。企业通过市场的调查、分析，确定餐厅的客人层次，详细地了解客人需求及愿望，即了解餐厅所需要服务的对象，有针对性地进行全员销售
② 产品策略	餐厅根据自身的定位以及客人的需求，向其提供所需的菜品及服务
③ 价格策略	通常价格是影响客人做出选择的第一因素。作为客人，总希望能够买到物美价廉的产品。餐饮企业可采用科学的定价方法，比如说尾数定价法，利用价格在尾数上的差别对客人产生不同的心理影响。此类心理定价法在餐饮定价中是很有效果的，包括定价的目标、定价的技巧，都会直接影响到客人的购买决定
④ 促销策略	促销的任务是使客人深信本企业或餐厅的产品就是他们所需要的（如八月十五促销中秋月饼），并促使他们来购买和消费
⑤ 包装策略	向客人提供多样化、综合而全部的产品和服务，即实施整体销售以满足客人物质上、精神上的需求。同时，餐厅的包装又是指把产品和服务结合起来，在客人心目中形成本企业或餐厅的独特形象

图9-3　餐饮企业的营销活动策略

第二节　餐饮企业促销活动策划与管理

餐饮企业促销活动是指餐厅向目标顾客宣传介绍餐饮产品和服务项目及配套设施，促使顾客前来消费的市场营销活动。餐饮企业促销活动是营销活动组合中一个重要的组成部分，其目的在于扩大餐厅服务在公众和目标市场中的声誉和影响，促进餐饮产品的销售。

一、餐饮企业促销活动的目标

餐饮企业促销活动可帮助消费者充分认识餐饮产品及餐饮企业，其具体目标如图9-4所示。

01 吸引并使客人产生购买动机

02 鼓励新客人试消费，鼓励老客人多消费

03 提高客人对整个企业形象的认知

04 改变客人消费行为

05 巩固产品在市场上的占有率

06 抢占其他品牌的市场

07 强化广告效应

图9-4 餐饮企业促销活动的目标

二、餐饮企业促销活动的意义

近年来，餐饮企业促销活动越来越被餐饮企业重视，其意义如图9-5所示。

意义一 新产品的不断推出，必须以促销来诱导消费者购买，并以此为契机展示企业的理念、目标和研发实力

意义二 餐饮企业促销常采用短期作战的方式，加速产品的更换和进入市场的进程

意义三 促销可增加市场对产品的需求，促销期间营业额可大幅增加

图9-5 餐饮促销活动的意义

三、餐饮企业促销活动的作用

餐饮企业促销活动的作用如图9-6所示。

① 传递信息 —— 餐饮企业通过促销手段及时向消费者传递产品信息，并引起社会公众的广泛关注，吸引他们注意餐饮产品的存在

② 诱导需求 —— 通过介绍新的产品或产品信息，展示合乎潮流的消费形式，提供满足消费者生存和发展需要的承诺，从而唤起消费者的购买欲望，创造出新的消费需求

③ 突出特点 —— 突出产品特点和优势，显示消费产品可以给消费者带来的满足程度，以及购买产品给消费者带来的附加利益等，加深消费者对产品的了解，从而增进消费者的购买欲望

④ 稳定销售 —— 通过促销，提高原有消费者对产品的信任感，使更多的消费者偏爱其产品，进而产生惠顾动机，稳定产品销售

图9-6　餐饮企业促销活动的作用

四、餐饮企业促销活动的开展方法

（一）服务促销法

服务促销法就是在提供额外服务之中促销，主要可以分为以下几类，如图9-7所示。

① 知识服务促销法 —— 在餐厅里面准备报纸、杂志、书籍等，以便客人阅读；或者播放外语新闻、英文会话等节目；还可以将餐厅布置成图书馆样式

② 附加服务促销法 —— 例如在午茶服务时，餐厅赠送一份蛋糕；给女士送一枝鲜花等

③ 表演服务促销法 —— 餐厅运用乐队演奏、钢琴演奏、歌手演唱、歌舞表演、卡拉OK表演、现场烹制表演等形式，来进行促销

④ 信息服务促销法 —— 在餐厅播放新闻资讯、股票行情、外汇牌价等

图9-7　服务促销法的分类

（二）优惠促销法

优惠促销法就是采取一系列折扣鼓励顾客反复光顾及在营业的淡季购买、消费餐饮产品和服务的办法。餐饮企业的优惠促销主要有以下形式，如图9-8所示。

序号	形式	说明
①	赠券	赠券的使用在餐饮业极为普遍，尤其在营业淡季，如图9-9所示。赠券通常免费或以较低的价格向消费者销售产品，它常与其他促销方式如发中奖奖品、给予折扣等结合运用
②	样品试用	餐厅开发出新的餐饮产品和服务时，可将样品送给某些顾客品尝，以了解他们是否喜欢这种产品。当新产品和服务得到顾客的认可后，餐厅再将其列入菜单。大型宴会经常采用样品试用的方法来吸引顾客
③	套餐	当经过仔细设计将若干种菜肴组合成一种套餐时，餐厅可以按较低价格将其出售，即以一定的折扣价格吸引顾客，增加整体收入。有宴会场地和可以承办婚礼的餐厅通常都这样做
④	额外赠品	餐厅在以正常价格供应产品和服务给顾客后，另外再赠送其他一些小礼品。赠品不仅对儿童有吸引力，对成人也有类似作用
⑤	折扣	折扣是优惠促销的常见形式。餐厅不但可以根据顾客消费额的多少确定折扣的高低，还可以在餐饮销售的淡季和非营业高峰期间，实行半价优惠和买一送一等优惠促销活动，以吸引更多的顾客，进而增加销售额
⑥	积分奖励	积分奖励是一种用于奖励餐厅常客，提高顾客忠诚度的优惠促销方法，即餐厅按照顾客消费额计算分数，顾客每次消费获得的分数可以累加形成总积分数，餐厅根据顾客的积分多少，制定和实施不同档次的奖励计划，例如给予较高的折扣优惠，甚至免费等
⑦	联合促销	联合促销是指两家或两家以上的餐厅之间以及餐厅与其他企业之间基于相互利益的考虑，以某种能够接受的形式与运作手段共同进行市场沟通和产品推广的促销手段。例如，餐厅与葡萄酒生产商合作，举办“葡萄酒节”。这种联合促销策略不但使葡萄酒商获得了向目标市场有效推销产品的机会，而且带动了餐厅的其他相关产品和服务的销售，降低了餐厅独自促销时应负担的促销费用

图9-8　餐饮企业的优惠促销形式

图9-9　某餐饮企业代金券

（三）节日促销法

促销要抓住各种机会甚至创造机会来吸引顾客购买，以增加销量。各种节日是难得的促销时机，餐饮企业一般每年都要做自己的促销计划。节日的促销活动应当生动活泼、富有新意，以取得较好的促销效果。餐饮企业主要有如图9-10所示几种节日促销时机。

时机一　重大会议期间

在当地举办国际性或全国性的大型会议期间，外国、外地客人较多，餐厅可以举办以本地特色菜肴或地方风味小吃为主题的促销活动

时机二　重要节日、纪念日、庆典日期间

春节、元宵节、中秋节、圣诞节、新年等节日，人们常以团体或家庭的形式在外就餐。若恰逢大型庆典日、节日举办独具特色的促销活动，餐厅不但能为节日助兴，而且能为自身带来一定的经济效益

时机三　季节性假期或当地风俗节日

季节性假期、当地风俗节日时的餐饮促销活动应当借题发挥，突出节日的气氛

图9-10　餐饮企业节日促销时机

（四）环境促销法

餐厅通过照片、文字、实物等营造的环境、气氛和情调，是对顾客的一种无形推销，是构成顾客就餐体验的重要因素。

就餐环境将直接影响顾客的就餐情趣和满意程度。为此，餐厅可在电梯内或大堂等地设置餐饮告示牌或橱窗，张贴诸如菜肴特选、特别套餐、节日菜单和新增项目等信息，或刊登特色菜肴、餐厅的照片等。

展示厨房也是现代餐厅经常使用的环境促销方法。有的餐厅用玻璃墙将餐厅和厨房隔离开来，顾客可以看着厨师烹调菜肴；有的在餐厅设置大屏幕彩电，进餐的顾客可以在电视屏幕上观看配菜加工和烹饪制作等一系列精彩场面。这种展示厨房的促销方法，营造了良好的餐厅进餐气氛，同时也提高了顾客的食欲。

（五）对象促销法

对象促销法，就是选择某类顾客作为销售对象，并据此组织餐饮营销活动的方法。该类对象的选择一般为餐厅的重要顾客，对餐厅的销售具有重要的影响。比如针对儿童、女性顾客的促销。

五、餐饮企业促销活动的评估

（一）促销业绩评估

1. 检查法

检查法即对餐饮企业促销前、促销中和促销后的各项工作进行检查，具体如图9-11所示。

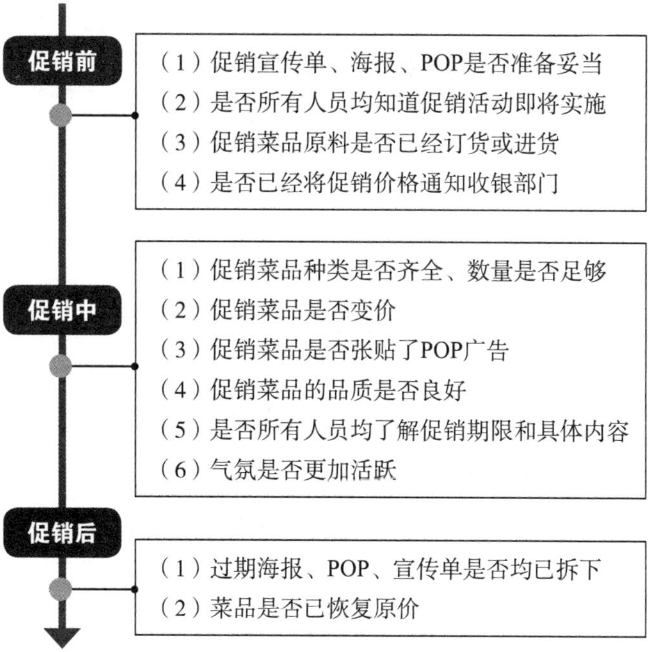

图9-11 促销活动检查事项

2. 前后比较法

前后比较法是对餐饮企业在开展促销前、促销中与促销后的销售额进行比较，一般会出现十分成功、得不偿失、适得其反三种情况。

（1）十分成功。

餐饮企业促销十分成功的直观反映如图9-12所示。

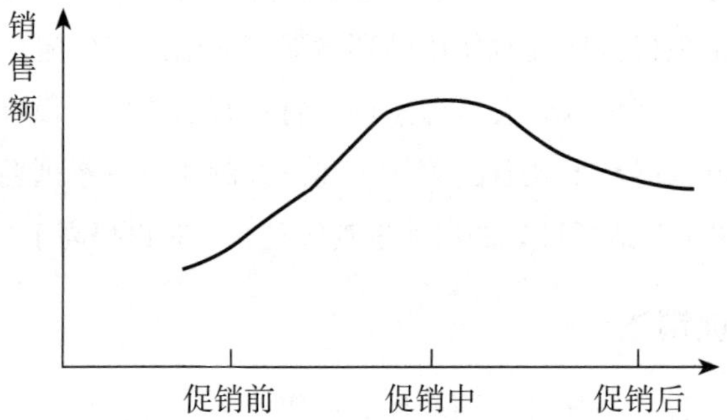

图9-12　餐饮企业促销十分成功的示例

（2）得不偿失。

餐饮企业促销得不偿失的直观反映如图9-13所示。

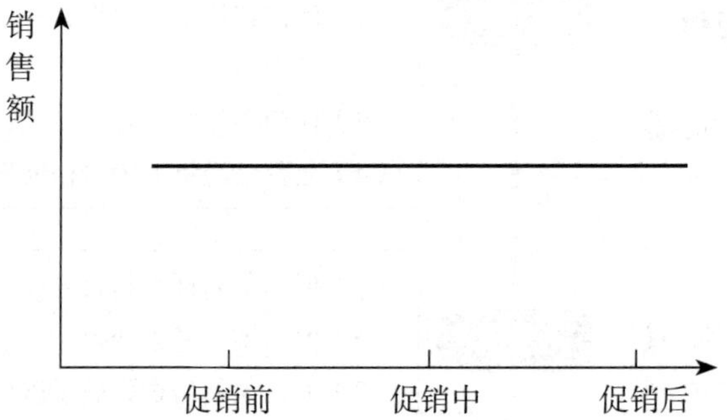

图9-13　餐饮企业促销得不偿失的示例

（3）适得其反。

餐饮企业促销适得其反的直观反映如图9-14所示。

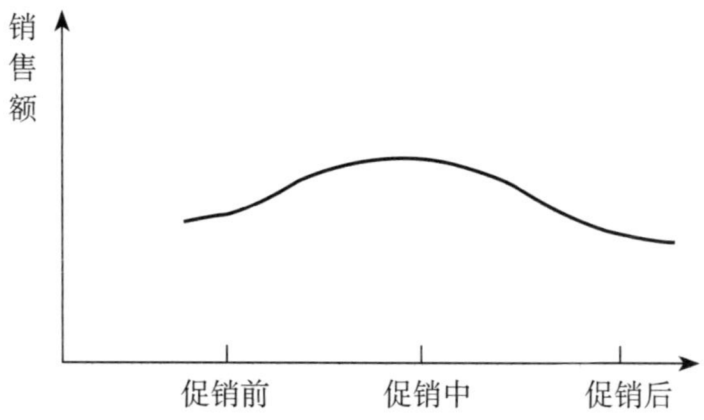

图9-14 餐饮企业促销适得其反的示例

3. 顾客调查法

顾客调查法就是抽取合适的顾客样本进行调查，以了解促销活动的效果。例如，在促销活动期间可以通过发放调查问卷，看有多少顾客是因餐饮企业的促销活动而前来消费、其对促销活动有何评价、是否从中得到了实惠、该次活动对其今后选择就餐场所是否会有影响等，从而评估餐饮企业促销活动的效果。

以下提供一份餐厅促销活动效果调查问卷，供读者参考。

【实战范本 3】× × 餐饮企业促销活动效果调查问卷

× × 餐饮企业促销活动效果调查问卷

1. 您的性别是______?

男（ ） 女（ ）

2. 您的年龄是______?

18岁以下（ ） 18～24岁（ ） 25～30岁（ ） 31～35岁（ ）

36～40岁（ ） 40岁以上（ ）

3. 您的月收入是______?

1000元以下（ ） 1000～1999元（ ） 2000～2999元（ ）

3000～4999元（ ） 5000～10000元（ ） 10000元以上（ ）

4. 您的职位是______?

普通职员（ ） 中层管理人员（ ） 高层管理人员（ ）

5. 您经常在外就餐吗?

经常（ ） 有时（ ） 偶尔（ ）

6. 您是通过什么途径知道××餐厅的？

熟人或朋友介绍（　）　网络（　）　户外广告（　）　报纸杂志（　）

微信朋友圈（　）

7. 您选择本餐厅的最重要原因是什么？

食物味道（　）　环境（　）　服务（　）　地理位置（　）

价格（　）　促销活动（　）　想尝试新品（　）

8. 您一般是通过哪种方式得知本餐厅的促销活动的？

在微信公众号看到相关信息（　）　通过广告（如电视、微博等）（　）

从朋友口中得知（　）　从餐厅门店看到相关信息（　）

其他方式（　）

9. 您如何评价本餐厅的促销活动？

十分必要（　）　必要（　）　一般（　）　没有必要（　）

与我无关（　）

10. 您对本餐厅推出的哪些促销活动感兴趣？（多选）

第二件半价（　）　超值套餐（　）　新品限时优惠（　）

赠送礼品（　）　纸质优惠券（　）　电子优惠券（　）

11. 您对本餐厅促销活动的满意度为？

满意（　）　基本满意（　）　一般（　）　不太满意（　）

不满意（　）

12. 在消费过程中，您的期望与实际感知的服务是否相符？

期望大于实际（　）　期望等于实际（　）　期望小于实际（　）

期望与实际严重不符（　）

13. 您比较喜欢哪种优惠政策？（多选）

买套餐赠送优惠券（　）

办会员卡，对会员有优惠（　）

消费满一定数额赠送果盘或其他菜品（　）

生日当天享受优惠（　）

凭教师证/学生证/军人证等享受优惠（　）

在淡季或非高峰期享受优惠（　）

14. 您对本餐厅促销活动的意见或建议是：

---

4. 数据分析法

数据分析法即通过分析顾客对餐饮企业促销活动的反应，如顾客的踊跃程度、优惠券的使用率、参加抽奖活动的人数以及赠品的领取情况等，对促销业绩进行评估。餐饮企业可以利用促销活动总结表和促销活动成果汇总表对促销业绩进行评估分析。如表9-1和表9-2所示。

表9-1 促销活动总结

活动名称	
目的	
形式	
吸引顾客数	
顾客反应	
现场活动状况	
销售额 / 元	
利润 / 元	
效果评价	
问题分析	
改进建议	

表9-2 促销活动成果汇总

部门名称				本年度促销次数			
促销名称		编号		协助供应商		促销时间	
促销产品		预估销量		实际销量		预算费用占比	

（续表）

促销费用		预算费用		实际费用		实际费用占比	
赠品领取记录							
差异说明及活动检讨							
活动改进建议							

（二）促销效果评估

促销效果主要从促销主题、促销创意、促销菜品三个方面来进行评估，如图9–15所示。

促销主题

（1）促销主题与整个促销活动的内容是否相符

（2）促销主题是否富有新意、简单明确

（3）促销主题是否抓住了顾客的需求和市场的卖点

促销创意

（1）促销创意是否偏离了预期的活动目标

（2）促销创意是否符合促销活动的主题和内容

（3）促销创意是否过于陈旧，缺乏创造力、想象力和吸引力

促销菜品

（1）促销菜品能否反映餐厅的经营特色

（2）是否选择了消费者真正需要的菜品

（3）能否给消费者增添实际利益

（4）能否帮助餐饮企业或供应商处理积压菜品原料

（5）促销菜品的销售额与毛利额是否与预期目标相一致

图9–15　促销效果评估的三个方面

餐饮企业在对促销效果进行评估时，需要运用到相关表单，如成本分析表、活动总结表、效果评估表等。如表9–3和表9–4所示。

表9-3 促销成本分析

分析人： 审核人：

方 式	
说 明	
促销期间	
估计费用	
实际费用	
成本收益分析	
批 示	

表9-4 促销效果评估

评估人： 日期：

促销日期	选择媒体	投放力度	重点促销对象	销售情况	备 注

（三）促销活动总结

1. 促销人员评估

促销人员评估可以帮助促销人员全面而迅速地提高促销水平，督促其在日常工作流程中严格遵守规范、保持工作热情，如表9-5所示。

表9-5　促销人员评估

促销商品：　　　　　　　　　　评估人：　　　　　　　　日期：

<table>
<tr><th rowspan="3">活动地点</th><th rowspan="3">促销人员姓名</th><th colspan="10">考核项目</th><th rowspan="3">违反重要规定</th><th rowspan="3">评分</th><th rowspan="3">现场状况说明</th></tr>
<tr><th colspan="6">标准性</th><th colspan="4">工作态度</th></tr>
<tr><th>动作</th><th>音量</th><th>仪表仪态</th><th>亲和力</th><th>专业知识</th><th>促销方案执行度</th><th>配合度</th><th>工作积极性</th><th>工作纪律遵守情况</th><th>服务态度</th></tr>
<tr><td></td><td></td><td></td><td></td><td></td><td></td><td></td><td></td><td></td><td></td><td></td><td></td><td></td><td></td><td></td></tr>
<tr><td></td><td></td><td></td><td></td><td></td><td></td><td></td><td></td><td></td><td></td><td></td><td></td><td></td><td></td><td></td></tr>
<tr><td></td><td></td><td></td><td></td><td></td><td></td><td></td><td></td><td></td><td></td><td></td><td></td><td></td><td></td><td></td></tr>
<tr><td></td><td></td><td></td><td></td><td></td><td></td><td></td><td></td><td></td><td></td><td></td><td></td><td></td><td></td><td></td></tr>
<tr><td></td><td></td><td></td><td></td><td></td><td></td><td></td><td></td><td></td><td></td><td></td><td></td><td></td><td></td><td></td></tr>
<tr><td></td><td></td><td></td><td></td><td></td><td></td><td></td><td></td><td></td><td></td><td></td><td></td><td></td><td></td><td></td></tr>
<tr><td></td><td></td><td></td><td></td><td></td><td></td><td></td><td></td><td></td><td></td><td></td><td></td><td></td><td></td><td></td></tr>
<tr><td>备注</td><td colspan="14">违反重要规定包括以下几项：
1. 逃班。
2. 迟到、早退（15分钟内）。
3. 未执行分内工作。
4. 未按规定着装。
5. 用餐超时。
6. 报表不实。</td></tr>
</table>

2. 促销活动分析报告

当促销活动结束后，餐饮企业就需要对本次活动进行分析和总结，撰写促销活动分析报告。以下提供两份分析报告示例，供读者参考。

【实战范本4】××餐厅元旦促销活动分析报告

××餐厅元旦促销活动分析报告

日前，在本餐厅各部门的相互配合下，我们完成了元旦促销活动。下面，从四个方面对此次促销活动进行分析汇报。

一、优点

1. 宣传方面

（1）制作了元旦促销活动的电梯灯箱、X展架、LED屏等，滚动播出元旦促销活动内容，起到了很好的宣传效果。

（2）服务人员积极地向顾客进行推销，并给顾客详细地解释了活动内容，提升了顾客的消费欲望。

（3）点菜员向顾客详细地推荐了本餐厅在活动期间推出的相关优惠政策。

（4）顾客结账时，收银员主动提醒顾客结账抽奖并发放小礼品。

（5）负责雅间的领班、主管在过生日的顾客用餐期间及时赠送长寿面。

2. 员工培训

（1）集体培训元旦促销相关知识和内容。

（2）每天不定期地对员工就活动优惠政策进行考核，使每位员工都能熟记活动相关内容，以便向顾客推荐。

3. 细节服务

（1）特别向服务人员强调了促销活动期间服务的重要性，在对客服务的过程中保质保量，没有一丝的懈怠。

（2）领班、主管在促销活动期间巡视、检查到位，对服务人员进行了监督，发现问题后进行了及时纠正、及时处理。

（3）每日餐前进行了卫生检查。

二、不足

1. 宣传方面

由于广告公司的工作效率低下，导致宣传品未能如期到位。员工在促销活动期间的积极性和主动性也有所欠缺。

2. 员工培训

员工培训未做到使每位员工熟悉了解促销活动的各项内容。餐厅部分部门没有足够重视，导致活动期间的宣传力度不到位。

3. 细节服务

员工缺乏积极主动推销的意识，全员促销意识有待加强。

三、分析

1. 市场分析

如今，顾客消费已经逐步趋于理性，除了新鲜特色的菜品，还需要更加人性化的服务方式。餐厅的目标消费场景一般是朋友聚餐、家庭用餐、公司聚会等。

2. 竞争对手分析

为了在竞争中立于不败之地，我们首先应该找准目标消费群，有针对性地定期推出不同的促销活动和更换新菜谱，使顾客养成到本餐厅用餐的消费习惯，提高对本餐厅的忠诚度和归属感。

四、经验总结

（1）今后举办促销活动时，需至少提前一个月递交活动促销计划报请总经理审批或组织讨论。

（2）对今后所有的促销活动，应至少提前半个月进行大面积推广。可使用的推广方式包括互联网广告（微信公众号、微信朋友圈、微信小程序、企业网站、订餐平台、餐饮团购平台等）、报纸广告、电台广告、宣传单页、电梯广告、灯箱广告、易拉宝广告、LED屏广告等。

（3）有针对性地推出相应的宣传促销活动，以赢得更多新老客户对本餐厅的认同。

（4）应至少提前半个月就促销活动内容对员工进行培训，以达到全员促销的目的。

（5）顾客资料应及时分析整理，将其作为促销活动的基础宣传人群。

（6）应及时将顾客反馈意见收集、整理、上报，并有针对性地进行相关的整改。

（7）定期对员工进行餐饮销售技巧方面的培训，促使其养成良好的推销意识和习惯。

【实战范本5】××饭店周年店庆促销活动报告

××饭店周年店庆促销活动报告

一、总结

（1）活动期间，饭店推出了“消费______元/份以上的鱼翅可买五赠一”的优惠政策。共赠出鱼翅（______元/份）66份，其中33份鱼翅堂食，赠券33张，共计______元，活动期间共回收赠券3张，附带现金消费送______元。

（2）活动期间，消费指定红酒（______元/瓶）即买一赠一。共赠送红酒

____瓶，价值______元。

（3）活动期间，海鲜特价优惠，特价菜包括黄金斑20条（______元/条），鳜鱼5条（______元/条），基围虾3千克（______元/千克），扇贝40只（______元/只），大明虾55只（______元/只），花蟹6.7千克（______元/千克），咸黄鱼15条（______元/条），共计优惠______元。

（4）活动期间，包房消费满______元赠送KTV包厢消费券1张，共计送出____张。

二、分析

（1）由赠送出的鱼翅抵用券的回收情况来看，为了鱼翅抵用券而二次消费的顾客不多，没有因为优惠活动而较明显地提高鱼翅的点餐率。由此可见，鱼翅的吸引力不是很足。

（2）活动期间指定红酒买一送一的优惠活动受到部分顾客的欢迎，顾客表示希望类似的活动能够经常举行。酒水特价优惠活动也能减小顾客自带酒水的比例，可以考虑在总结此次活动经验的基础上再次推出类似的活动。

（3）特价海鲜优惠是此次系列活动中最受顾客欢迎的活动，但有部分顾客反映参与优惠的海鲜种类不是很多，希望部分高价海鲜也能有相应的优惠。建议可以在合理控制成本的情况下多推出此类活动。

（4）包房消费满______元赠送KTV包厢消费券的活动受到部分顾客的欢迎，但也有顾客表示希望能延长包厢消费券的使用期限，部分当天没有时间去KTV的顾客并没有享受到此次优惠。

第十章　餐饮企业节日促销活动策划

·章前导引·

餐饮企业节日促销要抓住各种机会甚至创造机会吸引客人，以增加销量。各种节日是难得的促销时机。因此要使节日的促销活动生动活泼、有创意，取得较好的促销效果。当然，对于节日促销的评估总结也是不可忽略的一部分。

第一节　餐饮企业节日促销概述

一、餐饮企业节日促销的背景

中国人的节日越来越多，促销活动的力度也越来越大。外国的节日也融入了国人的日常生活，比如情人节、母亲节、父亲节、圣诞节等，再加上三八节、五一节、八一节、中秋节、国庆节、春节……，可谓“节连不断”，利用这些特殊时机开展促销活动自然是花样百出。

二、餐饮企业节日促销的作用

通常，促销期间的业绩比非促销期间提升30%左右。节日期间如何才能吸引消费者有限的注意力，做大、做活节日市场，已成为各大餐饮企业关注的重中之重。如果能够真正把握节日消费市场的热点和需求变化趋势，做出符合目标市场的策划方案，就能获得可观的回报。

三、节日促销的意义

节日促销与一般的促销意义不同，节日受文化传统的影响较大，所以更加需要注意节日的各种风俗、礼仪、习惯等特点。

在餐饮企业推出的众多促销活动当中，要细心挑选合适的节日进行相关的促销，有些促销旨在提高销量，而有些促销则主要是为了活跃气氛。

特别提示

为了节日促销而促销，效果可能只是一种附加的广告效果，甚至更差或者起到反面的展示作用。因此，在节日促销的关口，理性促销与细心促销成为抓住顾客的关键。

四、全年促销节日

每年节日是一样的，通过365天节日循环图（如图10-1所示），可以看到每个季节主要的节日，对一年的节日有初步的了解与印象。

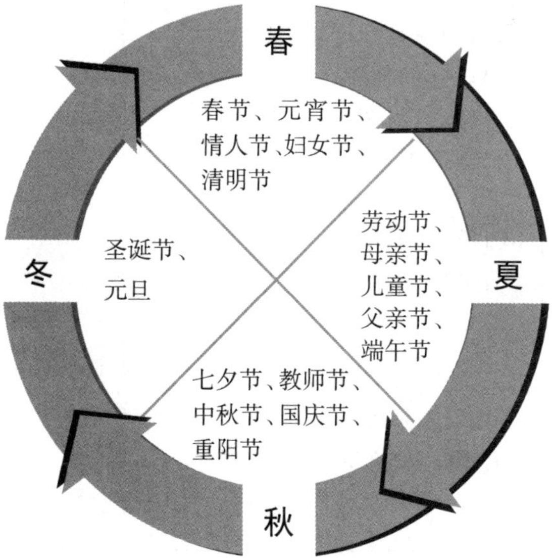

图10-1　365天节日循环

全年促销节日一览表（如表10-1所示）将一年中主要节日的时间都明确地分列了出来，可以通过该表详细地掌握一年中每一季度的各种节日的具体时间。

表10-1　全年促销节日一览

序号	季节	节　日	月　份
1	春季	正月初一（春节） 正月十五（元宵节） 2月14日（情人节） 3月8日（妇女节） 3月15日（消费者权益日）	2月至4月
2	夏季	5月1日（劳动节） 5月4日（五四青年节） 5月12日（国际护士节） 5月第二个星期日（母亲节） 6月1日（儿童节） 6月第三个星期日（父亲节） 五月初五（端午节）	5月至7月
3	秋季	7月1日（建党节） 8月1日（建军节） 七月初七（七夕节） 9月10日（教师节） 八月十五（中秋节） 10月1日（国庆节） 九月初九（重阳节）	8月至10月
4	冬季	12月20日（澳门回归纪念日） 12月24日（平安夜） 12月25日（圣诞节） 1月1日（元旦）	11月至次年1月

第二节　餐饮企业节日促销活动策划要点

一、掌握节日促销的要点

（一）快餐食品受欢迎

节日餐饮是以普通百姓为主体的市场。特点是人员多、流动量大。大多数消费者还是希望能够在价廉物美的餐厅用餐。便餐、小吃、排档、套餐、快餐、自助餐等形式是节日餐饮的主流，由于时间短、价位低，只要干净、卫生、味美、实惠，就会受到广大消费者认可。今天，越来越多的平民百姓已成为星级餐厅的常客，大众喜爱的方便餐饮也已经成为星级餐厅的主打品种。尽管节日餐饮也有高档消费者，但已不占主导地位，与成群结队的百姓人流相比，确实是很小的一部分。普通消费者的经济承受力决定了中低档方便餐饮是节日餐饮经济的主导方向。

（二）追求绿色餐饮成为时尚

20世纪80年代以前，精米白面、大鱼大肉是普通百姓节日梦寐以求的。但是随着经济发展，随着人们不断追求新颖别致的餐饮方式，节日餐饮活动已越来越多地增加了新内容，人们更呼唤着安全与健康的食品，一种新型的健康消费观在节日餐饮中应运而生。如今节日的消费者更注重和向往营养、卫生、方便、实惠、健康的食品，所以，餐厅一定要根据人们新的饮食需求，开拓新的饮食空间。

（三）未雨绸缪做好节前准备

根据节日的风格特色，餐饮企业应尽量营造欢乐的节日气氛。从节日特点看，春节、“五一”“十一”这三个长节日也有不同特点。春节是传统的喜庆节日，“五一”“十一”则是休闲节日。在经营时就要抓住这个特点。春节经营就要突出喜庆气氛，以抽奖、赠品等方式增加就餐的娱乐性；“五一”“十一”要突出休闲气氛，从菜品、宴席的调整、创新以及着力推广饮食文化服务来增加休闲性，以此来吸引消费者。

（四）加强营销策划

针对当前节日经营特征以及不断变化的餐饮市场，不同的企业会制定各自对策迎接节日经营高潮。每个企业都有自身的优势和特色。在节前策划中，企业都应根据自身实际情况，充分发挥优势，只有制定和实施有特色的节日营销策略，才能在激烈竞争中不断扩大市场份额。

根据节日特点，借节日推广的营销手段也是行之有效的。节日期间，可开展特色营销，如推出传统名菜、名点；推出特色鲜明的创新菜品、宴席；推出一些名而不贵、特色突出的大众菜品；开发适应节日消费的套餐、便捷食品；推出具有本企业特色的婚宴、寿宴等。另外，亲情营销、娱乐营销、文化营销也可在节日经营中发挥作用。北京华天饮食集团公司在春节期间，推出特色菜、创新菜和不同特色的家宴。特别是第四届“华天杯”创新大赛、北京首届清真大赛获奖的创新菜品被重点推介，像鸿宾楼的“全羊席”、砂锅居的“系列砂锅”、淮扬春的“三头宴”、曲园酒楼的“菊花宴”、华天小吃的“小吃宴”等都各具特色。

（五）努力营造节日氛围

餐饮企业在节日应注重为顾客营造节日氛围，可以通过店堂的装饰和布置来展现不同节日的风格特色。比如，对于中国的传统节日，可以使用灯笼、红色装饰等元素来营造节日气氛；对于西方的传统节日，可以使用圣诞树、彩灯等元素来展现节日特色。此外，还可以赠送节日礼品给顾客，并通过服务员的迎宾祝福语来表达节日祝福。同时，设立公开监督电话，让顾客可以随时提出意见和建议，真正将顾客提升到“上帝”的位置。

二、节日促销活动成功的关键点

节日促销活动要想成功，需要把握成功关键点，如图10-2所示。

图10-2　节日促销活动成功的关键点

（一）计划

制定完善的促销计划，做起事来才不会盲目。对于餐饮企业的管理者来说，一份科学合理的促销计划，能够很好地指导促销活动顺利开展。

（二）宣传

宣传是促销工作的前奏，正所谓“兵马未动，粮草先行”。对于餐饮企业经营者来说，在促销活动开展之前，富有成效的宣传可以引起消费者的重视，激发消费者参加促销活动的欲望，进而成功实现促销。

（三）商品

餐饮企业在开展促销活动时，一定要科学谋划、统筹安排，选择合适的促销商品，否则，就会出现“出力不讨好”的事情。

（四）诚信

诚信是成功实现促销活动的关键和保障，良好的信誉是成功经营的金钥匙。促销活动中，餐饮企业必须履行承诺，承诺消费者的事情一定要给予兑现，不能“嘴上一套，做上一套”，否则，不仅会直接影响到促销活动的效果，更重要的是会影响日后的经营和发展。

在促销活动中坚守诚信，不能随心所欲、随意承诺。俗话说，“一言九鼎，一诺千金；金口玉言，言而有信”，要知道，欺人只能一时，而诚信才是长久之策。

（五）服务

做好促销服务非常重要。促销期间，人员多、事情多，稍有不慎就可能在服务方面出现问题，从而造成客人流失，使得促销活动出现不良状况。因此，在促销活动中，餐饮企业经营者必须巧谋划、巧安排，既要保证促销活动顺利开展，又要服务好客人，保证每一位参与促销活动的客人高兴而来、满意而归。

（六）安全

促销活动期间的安全工作，是每一家餐饮企业都必须重视的，千万不能有丝毫马虎。

三、节日促销活动策划的步骤

节日促销活动策划的步骤如图10–3所示。

图10-3　节日促销活动策划的步骤

根据活动性质、形式的不同，活动策划方案的内容也有所不同，最重要的就是围绕活动主题及目的进行策划并加入与节日有关的活动内容。

【实战范本6】××餐厅元旦促销活动方案

××餐厅元旦促销活动方案

1. 活动目的

为了让消费者体会到××餐厅独特的文化氛围，在经济利益增长的同时强化餐厅知名度，提升品牌影响力，特举办此次促销活动。

2. 活动时间

12月31日至次年1月3日。

3. 活动主题

“让我们把新年的钟声传遍四方，让我们把节日的祝福洒向人间”。

4. 活动内容

4.1 活动期间，顾客用餐消费满××元（以结算金额为准）即送××元代金券（代金券有效期为2月18日至3月17日）。

4.2 在1月1日用餐的客人均可参加当天的幸运大抽奖活动，抽奖方式为以每桌为单位，把桌牌号统一放入抽奖箱，在12:30时，由总经理致辞并亲自抽出“新年幸运大使”及2个幸运奖。

4.3 在1月1日用餐的客人，以桌为单位均可获得精美礼品一份。

4.4 1月1日在包间用餐的客人可填写幸运星档案，今后半年内在本餐厅消费时，凭此档案即可享受一次9折优惠（幸运星档案记录表见附表）。

5. 布置装饰

5.1 环境布置。

5.1.1 在餐厅大门挂横幅，并用粉红色气球装扮。

5.1.2 大厅制作一只卡通兔子模型，手托标牌；用气球与鲜花装扮大厅。

5.1.3 开启喷泉，外围用气球装扮。

5.1.4 为每个餐桌送上一张贺卡。

5.1.5 电梯门口及楼梯扶手均用气球装饰。

5.2 气氛布置。

5.2.1 餐厅所有员工在元旦当天均穿工作服并保持整洁。

5.2.2 餐厅门口设迎宾两名，面带笑容地对进入餐厅的客人说：“新年快乐！”

5.2.3 餐厅内播放新年喜庆音乐。

6. 活动宣传

本次活动的宣传方式包括海报和横幅、宣传单、广播电台或报纸广告、餐厅外支架广告、电话、短信。

7. 活动预算

本次活动的预算详见下表。

活动预算表

名称	单价	数量	总计	现金支付	备注
小礼物					

（续表）

名称	单价	数量	总计	现金支付	备注
精美礼物					
代金券					
贵宾券					
PVC模型					
横幅					
条幅					
气球					
贺卡					
鲜花					
喷绘					
宣传单					
电台或报纸广告					
电话/短信					
折扣					
免单					
其他杂费					

8. 活动效果预测

通过本次促销活动，预测本月内餐厅的上座率将会有10%～30%的增幅，因此餐厅各部门应做好协调及应急安全工作。

9. 附表

幸运星档案记录表

姓名	性别	工作地址	电话	备注

【实战范本 7】× × 餐厅春节促销活动方案

× ×餐厅春节促销活动方案

1. 活动背景

（略）

2. 广告宣传

2.1 横幅：在店门口醒目位置悬挂横幅，内容为“× ×餐厅向大家拜年！新年好！”。

2.2 广告牌：在餐厅门口设置广告牌，内容为“为感谢广大顾客的大力支持，春节期间本餐厅照常营业，凡来本餐厅用餐者均可获赠吉祥物，同时每桌赠送喜糖一包”。

2.3 布置装饰。

所有大厅、包间、通道都要挂满生肖饰品吉祥物，橱窗玻璃上贴“福”字，两边悬挂灯笼或鞭炮，突出热闹、喜庆的春节气氛。

2.4 菜品安排。

2.4.1 春节期间不打折，因为此时菜品原料价格高、员工工资高，而且客人在春节吃的是一种心情，对价格不会太敏感。

2.4.2 菜品要好，高档菜与解腻菜（绿色食品、蔬菜）合理搭配。

2.4.3 小吃品种要多。

2.4.4 定做年夜餐、团体订桌、春节套餐系列包桌等。

3. 服务质量

3.1 服务水平高，服务质量好，上菜速度快。

3.2 服务员的节日祝福语要简练新颖、因人而异，如“您好，×年快乐！祝您生意如春浓，财源似水来”等。

4. 赠送礼品

4.1 赠送新年生肖吉祥物。

4.2 赠送喜糖包。

4.3 赠送红包（消费券）。

【实战范本 8】××饭店团年宴促销活动方案

××饭店团年宴促销活动方案

1. 活动背景

（略）

2. 活动主题

推出“团年宴套餐券”，顾客可以携家人购券赴宴，也可以买券赠送亲友。

3. 活动时间

2月5日—20日。

4. 套餐介绍

本饭店拟推出的套餐如下表所示。

套餐类别及价格表

类别	价格	赠送礼品
金玉华堂迎春宴	3888元/席	××一瓶，××干红两瓶，果汁两瓶；春节小食；“年货”一篮；“迎春全家福”一张（现照现送）
鸿运增福发财宴	3688元/席	××一瓶，××干红两瓶，果汁两瓶；春节小食；“年货”一篮；“迎春全家福”一张（现照现送）
福禄齐天富贵宴	2888元/席	××一瓶，××干红两瓶，果汁一瓶；春节小食；“年货”一篮；“迎春全家福”一张（现照现送）
吉祥团圆欢乐宴	2688元/席	××一瓶，××干红一瓶，果汁一瓶；春节小食；“年货”一篮；“迎春全家福”一张（现照现送）
迎春纳福如意宴	2088元/席	××干红一瓶，果汁一瓶；春节小食；“年货”一篮；“迎春全家福”一张（现照现送）

【实战范本 9】××餐厅三八妇女节促销活动方案

××餐厅三八妇女节促销活动方案

3月8日，温馨的日子，美好的日子，妇女闪亮的日子。为了让天下女人在紧张的工作及家庭生活之余充分地放松身心，××餐厅特别在三八妇女节期间，为女性顾客倾情打造温馨、休闲的用餐环境，并且在这温馨、特别的日子里，女性顾客将会收到××餐厅为其准备的浪漫小礼品。

具体方案如下。

一、活动目的

为了更好地刺激和引导顾客消费，提高××餐厅营业收入和知名度，在××餐厅运营期间，本着“少花钱，多办事”的原则，特推出以下促销活动。春节刚过，餐饮行业还处于淡季的情况下，借三八妇女节即将到来之际，××餐厅应做相应的广告宣传，在经济效益增长的同时，最大限度地达到更好的口碑宣传效益。

二、活动主题

“妇女可顶半边天，××餐厅欢迎你！”

三、活动宣传语

“女人是水，女人如花，世界因你而精彩！”

四、活动时间

20××年3月8日（午餐、晚餐）。

五、场景布置

（1）在餐厅LED大屏幕（两处）上做三八妇女节优惠活动的宣传。

（2）在餐厅门口显著位置设立广告宣传架。

（3）在大厅前台摆放两大束康乃馨，餐厅收银台摆放一大束康乃馨，使××餐厅更显温馨、优雅。

六、活动地点

××餐厅。

七、活动内容

（1）凡3月8日当天生日的女性顾客，凭有效身份证件来××餐厅消费可享受5折优惠。

（2）凡3月8日当天前来××餐厅消费的女性顾客，均可获得××餐厅的精美小礼物一份（礼品待定）。

（3）凡3月8日当天前来××餐厅消费的女性顾客，均可收到一枝由××餐厅赠送的康乃馨。

（4）凡3月8日当天前来××餐厅消费的顾客（午、晚餐）均可享受3免1的优惠折扣。

（5）以上活动不与餐厅其他优惠活动同时享用，具体优惠内容归××餐厅解释。

八、活动推广费用估算

（1）康乃馨：______元。

（2）小礼物：______元。

（3）X展架：______元。

共计：______元。

【实战范本10】××餐厅五一劳动节促销活动方案

××餐厅五一劳动节促销活动方案

一、活动目的

（1）提高××餐厅知名度，扩大××餐厅在××市的市场占有率。

（2）提升××餐厅产品形象，让消费者真正意识到“××餐厅的炸鸡是中国人自己的炸鸡”。

（3）确保年销售额比上一年增长10%，销售净利润比上一年增长5%。

二、活动主题

“劳动光荣，快乐五一！”

三、活动时间

5月1日—3日。

四、活动对象

（1）小朋友。餐厅内设立了游乐园，并提供儿童套餐，小朋友在用餐时能更感亲切。

（2）上班族。外出就餐已成为上班族的生活习惯，××餐厅快速而美味的食品正成为附近上班族的午餐首选。

（3）商务人士。繁忙商务活动之余，商务人士可在××餐厅优雅舒适的环境及周到的服务中享用美味可口的西式快餐。

五、活动内容

（1）活动期间，来本餐厅消费的小朋友（12岁以下）可获赠一个精美小熊玩具。

（2）情侣来本餐厅消费满______元送一枝玫瑰花。

（3）活动期间，一次性消费满______元者均可获赠“消费卡”一张，持该卡消费，均可享受8.8折优惠。

（4）活动期间，消费满______元均可获赠礼券一张，礼券每张抵______元消费额。

（5）活动期间举行抽奖活动，来本餐厅消费就有抽奖机会。

六、活动宣传

（1）宣传单。发单人员在××广场、××路等区域不定期发传单，并派一名发单人员在餐厅前街道处进行宣传，吸引客人到××餐厅消费。

（2）POP广告。在门店电子广告牌上以滚动形式宣传优惠活动。

（3）网站广告。××餐厅可以与广大网站开展互动合作，如美团网、各高校论坛等。

（4）微博、微信公众号、微信朋友圈发布广告。在微博、微信公众号上刊登广告，动员餐厅工作人员及其亲朋好友在微信朋友圈发布广告。

七、时间安排表

五一劳动节促销活动的时间安排如下表所示。

五一劳动节促销活动安排

时间	活动安排
4月24日	与合作商洽谈
4月25日	活动文案设计和定稿
4月26日	制作宣传单、视觉形象广告
4月27日	设计宣传单版面并完成印刷
4月28日	派发传单，播放电子广告牌
4月29日	派发传单，播放电子广告牌，做好人员准备和物料准备（赠品、特价卖品、活动道具等）
4月30日	更新收银台信息系统，确保防火门、安全门、消火栓、消防器材等设备到位，在餐厅内外布置海报、挂旗、气球等，做好产品、赠品、特价品的陈列等
5月1日	活动开始

【实战范本11】××餐厅母亲节活动促销方案

××餐厅母亲节活动促销方案

为提升餐厅的知名度和美誉度，增进目标消费群体对母亲节的印象和记忆，号召做儿女的向母亲表达关爱和祝福，反哺母亲，奉献孝心，值20××年母亲节到来之际，策划以“感恩母亲，母爱永恒”为主题的专题活动，具体方案如下。

一、活动目的

（1）提高品牌知名度。

（2）提高目标消费群体在西餐厅的购买率和消费额。

（3）通过活动，增进餐厅和公众的沟通，制造新闻线索，扩大对外形象宣传。

二、活动时间

20××年5月××日至××日（5月第二个周末）。

三、目标群体

母亲节活动目标群体为25岁至45岁之间的时尚白领青年和在政府机关、企业担任中高层职务的成功人士。他们由于公务或商务繁忙，与家人在一起的时间一般较少，回报养育之恩的情结，可以引发其潜在的情感需求和消费可能。

四、活动主题

1. 广告主题：“感恩母亲，母爱永恒。”

2. 广告词：“世界上有一种最美丽的声音，那便是母亲的呼唤。”

五、活动内容

1. 赠送康乃馨鲜花：凡20××年5月××日当天到店消费的女士每人赠送康乃馨1枝。

2. 微博抽奖：到店消费晒照，并@餐厅官微及3位好友，就有机会获得价值228元的免费自助餐券。

3. 生日祝福：凡5月××日当天生日的女士，可凭身份证领取精美礼品一份。

4. 女士营养菜单：餐饮部推出三道养颜营养菜肴，自助餐消费的女士可免费任选一道菜肴。

5. 优惠酬宾：活动期间原价228元观景自助餐，母亲节专享套餐价：××元。还有母亲节专享港式下午茶优惠套餐。

六、活动宣传

1. 短信群发：感恩母亲，母爱永恒！5月××日××餐厅推出母亲节专享特惠活动，当天生日女士更有精美礼品赠送！

2. 店内POP：大堂、餐厅门口、一楼电梯口各一块。

3. 网络推广：通过官方微博、官方微信（公众号）、微信小程序展开线上推广，5月××日开始预热，5月××日起开展为期7天的线上抽奖活动，关注餐厅官微并@3位好友，每日送出一张自助餐免费券。

4. 主流媒体：5月××日、5月××日，活动前后软文报道。

【实战范本12】××酒楼六一儿童节促销活动方案

××酒楼六一儿童节促销活动方案

1. 活动目的

为庆祝一年一度的六一儿童节，给家长们创造关心孩子的机会，××酒楼为孩子们精心准备了美味可口的儿童套餐、精彩纷呈的文艺晚会，让孩子们在缤纷的美食世界中度过一个快乐难忘的节日。届时××酒楼将推出系列精品菜肴和美食，通过本次活动的开展，提高酒楼的美誉度，吸引更多家庭来消费，让家长和小朋友们来分享美食、体验快乐。

2. 活动时间

5月28日至6月1日。

3. 活动主题

“欢乐童年，精彩无限——让您的宝贝儿童节更快乐！”

4. 活动内容

4.1 晚会节目设计。

凡是到酒楼就餐的小朋友，在晚会开始前均可到主持人处报名参加以下活动（书画比赛要提前报名），参加的小朋友均有礼品赠送。

4.1.1 儿歌演唱比赛：曲目为背景音乐里的20首儿歌，根据情况确定小朋友报名数量。

4.1.2 儿童舞蹈演出：由××演出公司提供，只在晚会中间进行。

4.1.3 儿童书画比赛：凡是提前来酒楼预订儿童套餐的，小朋友均可报名参加书画比赛，晚会现场所有来宾是裁判，取前6名在酒楼合影留念，并颁发奖品。

4.1.4 趣味谜语竞猜：共设谜语100条，由主持人负责随机安排。

4.2 联动促销。

4.2.1 5月28日至6月1日，凡在酒楼消费儿童套餐者，均可获赠本酒楼“欢乐童年，精彩无限”主题的儿童文艺晚会免费门票1张。

4.2.2 5月28日至6月1日，凡来本酒楼用餐者均可获赠气球1个。

4.3 晚会现场装饰。

4.3.1 舞台设计：“欢乐童年，精彩无限”主题背景布，周边用粉纱和印有“六一”祝福语的气球装饰，突出童真、竞技的氛围。

4.3.2 宴会厅内布置：用气球装饰与彩色纸花布置。

4.3.3 其他点缀：在宴会厅内各个音响和玻璃上张贴征集到的儿童图画，作为展览。

5. 活动宣传

5.1 背景音乐：在酒楼大堂和包房里播放儿童喜欢的歌曲，如《小燕子》《读书郎》《歌声与微笑》《好爸爸坏爸爸》等。

5.2 门厅装饰：用气球做彩门装饰，营造节日热闹氛围。

5.3 媒体宣传：××省交通台、××日报、××晨报。

5.4 视觉宣传：提前4天开始宣传，主要以条幅、易拉宝、彩页菜单、口碑传播、向新老顾客介绍等多种形式推广。

5.5 网络推广：通过官方微博、官方微信（公众号）、微信小程序展开线上推广。

6. 套餐设计

本次活动的套餐设计以健康益智菜品为主，主要包括3款。

6.1 “欢乐童年”营养套餐______元（3人用）。

6.2 “金色年华”营养套餐______元（4人用）。

6.3 “望子成龙”营养套餐______元（5人用）。

本次活动预计收益为______元。

7. 费用预算

（略）

8. 效果评估与预测

8.1 拉动家庭消费，提高散台和包房的营业额。

8.2 在众多酒楼中进行差异化促销，首家推出健康益智菜品，以超前的促销概念引领潮流。

8.3 活动具有吸引孩子的卖点，以此带动家长来消费，提高在同行业中的竞争力。

8.4 活动具有连续性和持久的影响力，可在暑假和寒假继续推广并扩大规模，形成独具特色的促销品牌。

【实战范本13】××饭店端午节促销活动方案

××饭店端午节促销活动方案

1. 活动背景

（略）

2. 活动目的

为刺激亲情消费，提升饭店知名度，让顾客更加了解××饭店，增进顾客对饭店的忠诚度和信任度，特举办本次端午节促销活动。

3. 活动时间

6月9日—16日。

4. 活动主题

“××亲情本地粽，××异域风情颂。”

5. 活动内容

5.1 品牌粽子礼盒

5.1.1 ××亲情粽：______元/盒（四个粽子+红酒一瓶+红酒开瓶器一个）。

5.1.2 和谐凤凰粽：______元/盒（六个粽子+红酒一瓶+红酒开瓶器一个+20元代金券一张）。

5.1.3 ××风情粽：______元/盒（八个粽子+红酒一瓶+红酒开瓶器一个+50元代金券一张）。

5.2 特价端午粽子菜肴

名厨推介湘、粤十种不同风味系列的粽子菜肴，具体如下表所示。

端午粽子菜肴价格

菜　名	价　格
香甜蜜枣粽	48元/份
荷香蒸粽子	58元/份
椒盐粽子	68元/份
香粽煨排骨	88元/份
粽叶蒸水鱼	88元/500克
粽子炒田鸡	88元/份
干锅粽子鸭	88元/份
粽子腊味煲	88元/份
水鸭焖粽子	98元/份

5.3 优惠活动

5.3.1 啤酒买一送一（指定品牌）。

5.3.2 推出多款有端午节文化特色、适合家庭聚会、精美实惠的“端午团圆宴”。

5.3.3 凡消费超过______元者送品牌粽（××亲情粽）一盒。

5.3.4 凡购买品牌粽（任意组合）达到______元者，可获赠代金券一张（价值200元）。

5.3.5 活动期间，凡来本饭店大厅用餐的顾客，均可获赠散粽子一个、红枣一碟、皮蛋一碟。

5.3.6 活动期间，凡来本饭店包厢用餐的顾客，均可获赠“五子登科”（红枣、红糖、咸蛋、粽子、桂圆）一份。

6. 宣传推广

6.1 饭店大门口挂一条横幅，内容：“祝全国人民端午节快乐！”

6.2 大堂粽子亭边放一个水牌。

6.3 饭店电梯内张贴广告，内容为端午节优惠活动介绍。

6.4 收银台放置宣传单，供客人参阅及夹报派送。

6.5 大厅内放置巨幅POP，内容为饭店三大品牌粽子价格和优惠措施。

6.6 群发微信，预计发1万条，内容：“××饭店隆重推出礼盒品牌粽：× × 亲情粽，______元/盒；和谐凤凰粽，______元/盒；× × 风情粽，______元/盒。各类品牌粽内带红酒一瓶和红酒开瓶器一个。端午节期间（6月9～16日）优惠多多，惊喜连连！”

6.7 网络推广：通过官方微博、官方微信（公众号）、微信小程序展开线上推广。

7. 氛围布置

7.1 活动期间，在饭店大堂设置一个龙舟装饰台，用艾叶和菖蒲、香囊做一定的外围装饰，龙舟两边挂满船桨，龙舟内陈列摆放各式粽子，龙舟后面立一块KT板（端午节由来介绍），用于营造端午节文化氛围。

7.2 设粽子销售亭一个，名曰“× × 粽情亭”。粽子亭主营三大品牌粽，兼营雄黄酒、菖蒲、艾草、香囊、黄瓜（加糖，袋装）以及“五子登科”（袋装）。

8. 工作安排

8.1 楼面部

8.1.1 联系购买各品种粽子并制定外卖价格。

8.1.2 负责大堂、大厅的氛围营造工作。

8.1.3 针对本次促销活动对部门员工进行培训，准确传达促销政策。

8.1.4 准备团拜礼品150份（竹篮、粽子、皮蛋、红糖、咸蛋、红枣、点心、桂圆）。

8.2 财务部

8.2.1 配合楼面部完成粽子、龙舟以及“五子登科”原料的购买工作。

8.2.2 负责拟定团拜礼品的领取程序。

8.3 促销部

8.3.1 将需要赠送粽子的顾客数量及名单统计列表上报到财务部，依据名单对特定顾客进行拜访。

8.3.2 配合各部门执行本次促销活动，制作本次活动所需宣传品，如大堂水牌、饭店电梯广告、饭店宣传单等。

9. 广告费用预算

（略）

【实战范本14】××餐厅父亲节促销活动方案

××餐厅父亲节促销活动方案

1. 活动目的

1.1 通过父亲节前期和当天的宣传，对用餐的顾客进行温馨提示并赠送礼品，给顾客提供其他的超值服务，以增加餐厅的营业额，提高顾客的回头率及对品牌的忠诚度。

1.2 通过情感促销（提供超值服务），不断提高餐厅在餐饮市场的占有率，确保始终领先于其他竞争对手。

2. 活动时间

父亲节当日。

3. 活动地点

××餐厅。

4. 活动内容

4.1 父亲节当天如有客人请其父亲来本餐厅用餐，可享有如下优惠：送纪念父亲节特制菜品1份；送礼品1份（领带等）；享受全单8.8折优惠。

4.2 父亲节当天过生日的父亲，免费提供“父亲节家庭套餐”1份。

5. 宣传与氛围营造

5.1 广告宣传。

平面媒体广告、电视广告、网络广告（企业官网、订餐网站、团购平台、微博、微信公众号、微信小程序等）、高档楼宇广告。

5.2 短信群发。

短信内容：父亲节到了，××餐厅全体员工祝福您的父亲或身为父亲的您健康快乐！当天生日的父亲可享受免费家庭套餐！更多惊喜请致电咨询！订餐电话：××。

5.3 店内外布置。

通过在店内外的不同位置布置各种广告（图片和文字），进行全方位、立体化的宣传，营造浓浓的父亲节文化氛围。具体工作布置如下。

5.3.1 店外水牌。

5.3.2 店内广告和氛围营造。

5.3.2.1 展架3个。

5.3.2.2 喷绘图片30张。

5.3.2.3 特制父亲节菜单。

5.3.2.4 免费父亲节家庭套餐。

5.3.2.5 台面软文（《从六一儿童节到父亲节》）。

5.3.2.6 背景音乐：《常回家看看》《父亲》等循环播放。

5.3.2.7 员工问候语："父亲节快乐！"等。

5.3.3 现场互动。

5.3.3.1 送"父子（女）连心"菜品一份。祝福语："祝愿天下父子（女）永远心连心、幸福快乐！"

5.3.3.2 现场拍照。配音："各位朋友，让我们在父亲节这个难忘的日子里留下这永恒的一瞬！"

5.3.3.3 为现场的父亲和天下父亲敬上一杯祝福酒。祝酒词："今天是父亲节，祝现场的父亲和远在家乡的父亲节日快乐、身体健康！"

5.3.3.4 （祝酒词讲完之后）说："各位朋友，我和我的助手一起为现场的父亲和客人献上一曲《父亲》，再次祝您和您的父亲节日快乐、身体健康！"（将氛围推向高潮）

6. 注意事项

6.1 宣传文稿的感情表达要贴切、准确、到位，太过则显得虚情假意，有所欠缺则无法与顾客产生情感共鸣，很难打动顾客。

6.2 要就本活动内容进行全员培训，确保全体员工达到熟知的地步。

6.3 本活动优惠不能与其他活动优惠同时享受。

6.4 父亲节当天来本餐厅过生日的父亲必须提前预约。

6.5 要保障父亲节特制菜品的原材料充足。

7. 宣传文稿

7.1 软文一篇。

（略）

7.2 广告宣传语。

7.2.1 我们与您有一个共同的愿望——祝父亲生活得更快乐！身体更健康！

7.2.2 父亲节，无论工作再忙也别忘了给父亲打个电话……

7.2.3 父亲节，一定要抽出时间陪父亲吃顿饭！

7.2.4 身为父亲的您别忘了自己的节日啊！

7.2.5 每天都在忙碌地工作，偶尔闲暇时，您是否还能记起父亲的节日？

7.2.6 大家来这里留下您对父亲的祝福吧，哪怕只有一句话或几个字，相信父亲们都能收到我们从心中传递的那份深深的祝福。

7.2.7 是否还能记起当初远行时父亲在拐角处始终不肯离去的身影。父亲节，记得给父亲一声问候啊！

7.2.8 特制菜单名字，如父亲常健、伟大父爱、父子情深、父子连心。

8. 工作分工

8.1 总策划：××。

8.1.1 负责制定本活动整体促销策划方案，讲解方案的核心与细节，协调整合资源。

8.1.2 开展活动总动员，并为活动造势。

8.1.3 监督指导各部门对方案的贯彻落实情况。

8.1.4 整理图片和写作短文。

8.1.5 跟进、检查与落实所有相关工作。

8.2 方案负责人：××、××、××。

8.2.1 动员全体员工加入本活动，积极出谋划策。

8.2.2 征集温馨语句、文章以及父亲节特制菜品的名称。

8.2.3 每天在例会上通报本活动进展情况。

8.2.4 制定父亲节免费套餐菜单。

8.3 后勤保障：××、××、××。

8.3.1 负责购买POP用纸张、彩笔、双面胶、胶带等相关物品。

8.3.2 负责相关资料的打字、复印、喷绘、印刷。

8.3.3 下载《常回家看看》《父亲》等歌曲。

8.3.4 负责协助礼品的发放工作。

9. 经费预算及广告策划

（略）

【实战范本15】××饭店七夕节促销活动方案

××饭店七夕节促销活动方案

1. 活动背景

（略）

2. 活动主题

“穿越七夕夜，遇见更美的你。”

3. 活动时间

8月14日—16日。

4. 活动定位

本活动为一次影响面广、吸引人数多、参与门槛低、具有话题性和文化性的七夕促销活动，主要针对20～40岁的中高端消费群体。

5. 活动形式

5.1 8月14日—15日，消费达______元即可获赠______元优惠券，以直接让利的促销形式拉长饭店热销周期。

5.2 8月16日七夕夜晚，利用主题活动引爆全场，扩大饭店知名度。

6. 活动内容

6.1 以七夕当天主题活动为主线、前期返券让利促销为辅助，举行为期三天的“穿越七夕夜，遇见更美的你”主题促销活动。8月16日当天，举办“忽然遇见你”单身交友派对及“浪漫回味年”情侣交友派对，凡活动当天交友成功者均可享受餐饮5折优惠。

6.2 只要身边有伴侣，均可参加8月16日××饭店举办的情侣主题派对，凡是夫妻、情侣在七夕当天到饭店消费，均可获得餐饮5折优惠。

6.3 凡是8月16日为结婚纪念日的顾客，只要讲述其浪漫爱情故事，均可享受饭店提供的免费情侣套餐一份。

7. 现场氛围打造

7.1 饭店外围布置。

7.1.1 在饭店入口处设置大型七夕鹊桥门头，借传统七夕鹊桥会的文化习俗增添饭店的人文格调及节日独特性，以此吸引消费者关注，并力邀当地知名摄影机构联合加入，为每一个来饭店消费的顾客留下七夕最美的身影。

7.1.2 结合七夕鹊桥门头，布置牛郎、织女特色造型人物模型，不仅从外围环境上增添饭店的格调与文化味，也为消费者照相留念提供契机。

7.1.3 根据七夕促销主题创意设计古色古香的宣传立柱，并贴上“穿越七夕夜，遇见更美的你”活动主题口号。

7.2 大厅环境布置。

7.2.1 在饭店大厅及主要过道设置中式灯笼，增添厅内的人文格调。

7.2.2 按照七夕促销主题统一设计宣传吊旗，以创意造型有序布置，用于活动宣传及氛围打造。

7.2.3 根据场地设置摄影照片领取台，进行活动主题造型布置，如签到板、造型纱幔、展架等。

7.2.4 根据饭店场地进行分区规划设计、舞台创意造型设计等。

7.2.5 根据饭店场地布置活动当天所需灯光设备、光影表演设备等。

8. 活动流程

8.1 单身区。

单身区的活动流程如下表所示。

单身区活动流程

阶段主题	时间	活动安排
七夕夜美丽留影	17:30—18:30	由饭店迎宾员引导顾客到饭店入口鹊桥造型处，由专业摄影机构为每位来饭店的顾客拍照留念，以迅速聚集人气
享特色文艺盛宴	18:30—18:40	主持人开场，介绍活动主要内容及促销优惠措施
	18:40—18:45	3～4人集体舞蹈开场
	18:45—18:50	独唱加伴舞
七分钟浪漫心跳	18:50—18:55	主持人串词，进入“交友找伴”环节
	18:55—19:02	饭店灯光渐暗，四周出现闪烁、绚丽的光影艺术效果，营造优雅、神秘的气氛，在场顾客写下期望交友的座号数字
	19:02—19:10	主持人统计在场顾客交友数字配对情况，公布交友结果
七夕夜完美遇见	19:10—19:20	现场演奏音乐，交友成功的顾客开始现场交流
	19:20—19:25	主持人串词，统计交友成功的顾客数量
	19:25—19:30	结束离场，顾客在照片领取台领取照片，工作人员登记顾客信息，以此建立顾客档案

8.2 情侣区。

情侣区的活动流程如下表所示。

情侣区活动流程

阶段主题	时间	活动安排
七夕夜浪漫留影	17:30—18:30	由饭店迎宾员引导顾客到饭店入口鹊桥造型处，由专业摄影机构为每位来饭店的顾客拍照留念
寻五段完美爱情	18:30—18:40	主持人开场，介绍活动主要内容及促销优惠措施
	18:40—18:45	歌舞表演
	18:45—18:50	主持人串词，进入“寻找五对七夕情侣，讲述五段浪漫爱情”环节
七夕夜浪漫回味	18:50—19:05	主持人串词，进入情侣自由交流环节
	19:05—19:30	现场演奏音乐，顾客在照片领取台领取照片，工作人员登记顾客信息，以此建立顾客档案

【实战范本 16】××餐厅中秋节促销活动方案

××餐厅中秋节促销活动方案

1. 活动背景

（略）

2. 活动主题

“迎中秋，美食大团圆！”

3. 场景布置

3.1 欢快、喜庆，突出主题。

3.2 电子屏体现活动主题，店内水牌、电梯内广告牌以活动内容为主。

3.3 门外布置气球、彩带。

3.4 餐厅内彰显主题设计，用海螺、贝壳等适当装饰点缀。

3.5 大堂竖立活动广告牌。

3.6 制作精美宣传册。

3.7 员工换上符合节日气氛的服装。

4. 媒体宣传

通过平面媒体广告、电视广告、网络广告（企业官网、订餐网站、团购平台、微博、微信公众号、微信小程序等）、高档楼宇广告等形式对活动进行宣传。

【实战范本17】××餐厅国庆节促销活动方案

××餐厅国庆节促销活动方案

1. 活动背景

（略）

2. 活动时间

10月1日—7日。

3. 活动主题

“暖意国庆——情满黄金周！”

4. 活动安排

本次国庆节黄金周促销活动主要分为三个篇章：亲情篇、爱情篇、同窗篇。

4.1 亲情篇。

活动时间：10月1日—2日。

营造一种家庭温馨气氛，菜肴以家庭日常菜为主，餐具桌椅都用朴实的家庭风格的。让顾客参与其中，提供个性化的服务，如在聚餐环节以子女名义向其父母赠送一份小礼物。

4.2 爱情篇。

活动时间：10月3日—4日。

增设爱情包厢，大堂营业活动照常进行。根据客人需求，包厢里可布置成具有情调的淡黄色、甜蜜的粉红色。最好提供烛光晚餐，让情侣、夫妇在此尽享二人浪漫世界。餐厅提供一些情趣增值服务，如送玫瑰花、给男方提供真情告白机会等。

4.3 同窗篇。

活动时间：10月5日—7日。

增设同学聚会大包厢，人太多也可在大厅举行，包厢里不需要多余装饰。菜肴都提供本地的特色菜，尽一切可能让客人满意。

第十一章　餐饮企业庆典活动策划

·章前导引·

庆典活动是餐饮企业利用自身或社会环境中的有关重大事件、纪念日、节日等所举办的各种仪式、庆祝会和纪念活动的总称，包括节庆活动、纪念活动、典礼仪式以及其他活动。

通过庆典活动，可以渲染气氛，扩大餐饮企业的影响力；也可以使餐饮企业增加与同行交流的机会，广结良缘；成功的庆典活动还可能具有较高的新闻价值，从而进一步提高餐饮企业的知名度和美誉度。

第一节　餐饮企业庆典活动策划步骤

餐饮企业庆典活动策划大致可分为以下几个步骤。

一、明确庆典活动的目的

庆典是庆祝活动的一种方式，需要每一项具体活动都组织得热闹、体面而隆重，不论是举行庆典的具体场合、庆典进行过程中的某个具体步骤，还是到会者的整体感受，都要呈现出炽热、兴奋、快乐的气氛。这样庆典的意图——展示餐饮企业的出色形象，展现餐饮企业的雄厚实力和远景，表现餐饮企业员工的良好精神面貌和凝聚力、战斗力，扩大餐饮企业在社会各界的影响力才能达到。

二、拟定并确定客人名单及发送请柬

来宾组成：政府官员、地方实力人物、知名人士、新闻记者、社区公众代表、客人代表或特殊人物等。总之，来宾要具有一定的代表性。

发送请柬要求：请柬提前7～10天发送。重要来宾请柬发送后，组织者当天应电话致意，庆典前一天再一次电话确认。

三、拟定庆典程序

庆典的一般程序如图11-1所示。

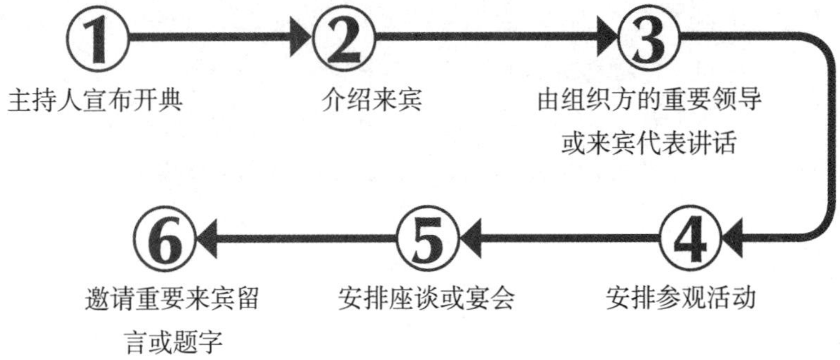

图11-1　庆典程序

四、事先确定致辞人、剪彩人名单以及贺词、答词

致辞人和剪彩人分己方和客方，己方为组织方的最高负责人，客方为德高望重、社会地位较高的知名人士。选择致辞人和剪彩人应征得本人同意，并拟好贺词、答词，贺词、答词都应言简意赅。

五、安排各项接待事宜

事先确定签到、接待、剪彩、摄影、录像、扩音等有关服务礼仪人员。精心组织好来宾的招待作业。主办方热情周到的招待作业，可使来宾感受到主人真挚的尊重与敬意，从而心情舒畅。庆典的招待小组原则上应由年轻、精干、身段与形象较好、口头表达能力和应变能力较强的专业招待人员组成。

六、形成策划方案

庆典活动最终要形成策划方案。

第二节 餐饮企业开业庆典活动策划

一、开业庆典认知

开业庆典，又名“开张庆典”。一家餐饮企业的开业庆典，不只是一场简单程序化的庆典活动，而是一个经济实体形象广告的第一步，它标志着一家餐饮企业的成立，昭示着餐饮企业已经站在经济角逐的起跑线上。

一家餐饮企业通过开业庆典的宣传告诉人们，在庞大的社会经济肌体里，又增加了一个鲜活的餐饮企业细胞。

客观来看，一家餐饮企业的开业庆典，就是其经济实力与社会地位的充分展示。从来宾出席情况到庆典氛围的营造，以及庆典活动的整体效果，都是侧面的诠释。

二、开业庆典的意义

开业庆典的意义，如图11-2所示。

意义一	通过开业庆典活动，传递餐饮企业隆重开业的消息，扩大知名度，提高美誉度，树立良好的企业形象，为今后的生存发展创造一个良好的外部环境
意义二	进一步加强与当地媒体的互动和交流，为在区域市场的销售和推广营造一个良好的舆论环境，同时扩大在本市餐饮行业内的知名度
意义三	开业的隆重运作，有利于增强员工对企业的信心，提升企业的凝聚力

图11-2 开业庆典的意义

开业庆典也是餐饮业的一项传统风俗，从沿海到内陆都有着同样的风俗，餐饮企业普遍觉得开业庆典能给之后的经营活动带来好运。

三、开业庆典活动策划的步骤

（一）明确整个开业活动的主题

明确定位新店开业活动的主题是整个开业活动策划的灵魂和主干，所有的活动都是围绕这个主题进行的。品牌方要结合品牌自身定位、活动所要达到的效果、人力物力财力等多种情况，来开展新店开业活动策划工作。

（二）新店开业的前期筹备

俗话说，“不打无准备的仗”，一场成功的新店开业活动，离不开方方面面的筹备计划。举办开业活动需要一套完整的实施计划，比如活动定位、活动时间、活动地点、活动内容、邀约参加活动的嘉宾等都要在计划内。

（三）新店开业的宣传造势

新店开张，造势很重要。要想在开店当天客满盈门，线上线下的宣传很重要，采用广告宣传、媒体宣传、明星带动等多种手段在开业前期给消费者留下深刻印象。当然，对于品牌的宣传，不仅限于开业当天，在开业后也要进行全方位的宣传，加深消费者对品牌的印象，进而在行业中站稳脚跟。

（四）开业现场的各个部门分工和执行

各个部门要分工明确、执行有力，开业活动才能有条不紊地顺利进行。一场成功的开业典礼不可能是仅靠一人之力就能完成的，而是各个部门全方位配合，并且不拖沓、有效率地完成任务才可以的，这样才能保证新店开业活动顺利进行。

（五）开业活动现场的风险预估

常言道，“计划赶不上变化”，我们谁也不知道下一刻会发生什么，新店开业活动现场不可能各方面都如计划那样顺利进行，这就要求我们做出合理的风险预估，预估可能会出现的问题，并准备相应的解决方案。

对于开业庆典活动，餐厅需要做足准备，做好细致的策划。以下提供一些在实际中可运用的范本供参考。

【实战范本18】××餐厅开业庆典仪式策划方案

××餐厅开业庆典仪式策划方案

1. 开业庆典仪式前期筹划

成立筹备小组，专职负责事前各项活动的落实工作，以确保××餐厅开业庆典仪式成功举办，不因前期准备工作的仓促而影响预定的实施效果。

（1）确定开业时间，向城管部门申请占道手续；获取开业当天的天气情况资料。

（2）落实出席庆典仪式的宾客名单、有关领导，并征集祝贺单位和供应商赞助。

（3）确定新闻媒体广告的制作与投放时间安排，拟定新闻采访邀请函，找准可供媒体炒作的切入点。

（4）确定各位领导、主持人的讲话材料。

（5）落实现场停车位、各单位代表停车安排。

（6）落实电源位置及其他相关事宜并调试。

（7）落实典礼活动的应急措施。

（8）确定开业剪彩仪式宣传标语的内容，需提前4天交由广告公司制作。

（9）请相关新闻媒体记者到餐厅采写新闻稿。

2. 现场设置

2.1 宏观静态元素布设。

整体布设效果要求：所设各种庆典元素和谐搭配，整体上注重点、线、面的完美结合，凸显立体感、空间层次感，色彩追求强烈的视觉冲击力，张扬喜庆，展现隆重。场面大气恢宏，不落俗套，热烈隆重且典雅有序。

2.1.1 剪彩区布设。

开业剪彩仪式设在××餐厅正门前，用红地毯铺就剪彩舞台区，两边摆放两排花篮装饰。当剪彩开始时，乐队在剪彩区旁边表演。

剪彩区设置18米彩虹门1座，悬挂“热烈祝贺××餐厅盛大开业”条幅。彩花12套，剪彩仪式进行时，由礼仪小姐整齐列队捧出。

（1）主题词为“××餐厅开业典礼”，舞台前方中间置立式话筒2对，以话筒为中心，右侧后方设一主持人立式讲话台。两侧各设音响1只，留3米宽的距离，以便人群流动，用红地毯把剪彩区连接起来。

（2）音响一套。

2.1.2 周边环境布设。

升空气球2个，形成立体高空宣传，来宾在很远即可看到，起到指示引导的作用。

三角旗若干，悬挂在餐厅门口。

条幅若干，按祝贺单位数量落实。

花篮，按祝贺单位统计数量统一安排，客人也可自办送来。在剪彩区摆放两排花篮，营造出热烈、隆重的气氛。

梦幻气球门，装饰入口处，大门处梦幻气球门让人感到耳目一新，增添人性化感觉。

2.1.3 迎宾区布设。

签到处：置于××餐厅旁侧，备签到用品2套（笔、簿）。

2.2 宏观动态元素布设。

整体布设效果要求：通过动态元素的有机和谐配合，营造庆典场面大势磅礴、龙腾虎跃的欢腾场面。

2.2.1 威风锣鼓队10人，采用男女2队搭配，仪式开始前演奏，以烘托气氛、聚集人气，仪式进行中间歇演奏。

2.2.2 舞狮2对，预示餐厅今后的生意欣欣向荣，并可进行采青表演。

2.2.3 礼仪小姐若干，由餐厅或礼仪公司提供，着玫红色旗袍，落落大方，形象气质佳，主要工作为接待、引领签到、为领导佩戴胸花、引领剪彩等。

2.2.4 安排专人手持礼炮10响，开始时释放，烘托气氛。

3. 开业庆典仪式工作日程和议程安排

地点：××餐厅。

时间：9：30 所有现场静态元素布设完毕。10：00 开始迎宾。

3.1 开业庆典仪式工作日程。

筹备小组成员共同到开业庆典仪式现场，具体确定主席台位置及演出区，进行整体布局。

××月7日，确定参加开业庆典仪式的领导、嘉宾及讲话稿，提前发邀请函征集祝贺单位。

××月8日，确定主题词、条幅标语，并交付礼仪公司制作。

××月9日，店内布置全部完毕。

××月10日，凌晨升空气球，签字台、舞台开始布设。

3.2 开业庆典仪式工作流程。

××月10日早9:00，筹备小组成员准时到场，检验现场静态元素布设状况，协调现场动态元素布设，做好最后整体协调，落实细节，做到万无一失。

9:30，锣鼓队、主持人、保安到位。

9:30，礼仪小姐到位，音响调试完毕。舞狮队开始表演。

10:00，参加开业典礼的领导和嘉宾陆续到场，礼仪小姐开始负责接待、引领签到、为领导佩戴胸花等礼仪服务，并安排简单茶点供应。

3.3 开业庆典仪式议程安排。

11:10，参加开业庆典仪式的领导、嘉宾由礼仪小姐引领走上主席台。

11:13，主持人介绍参加开业庆典仪式的领导、嘉宾。

11:18，主持人宣布××餐厅开业庆典仪式正式开始（音响师伴奏，舞狮队欢腾，乐队奏乐）。

11:20，请××总经理致答谢词。（2分钟）（讲话结束后音响师伴奏）

11:22，请嘉宾代表致贺词。（3分钟）（讲话结束后音响师伴奏）

11:25，请上级领导致贺词。（3分钟）（讲话结束后音响师伴奏）

11:28，主持人宣布请上级领导、嘉宾、××总经理到剪彩区为××餐厅开业剪彩。此时，礼仪小姐引导众人到剪彩区，双手捧着剪彩花的礼仪小姐整齐列队，稳步走上剪彩区。

11:30，众人一齐剪开红绸，宣告××餐厅隆重开业。（此时，音响师伴奏，礼炮齐鸣，彩花彩带当空漫舞，舞狮队、乐队动起来，仪式达到高潮）

11:35，剪彩完毕，主持人请来宾进入餐厅参观并准备就餐。

4. 制作项目和资金预算

序号	项目	要求	价格	备注
1	祝贺布标	各供应商、合作伙伴赠送20条左右	（略）	—
2	拱门	租用2天	（略）	—
3	空飘气球	租用1天×2个	（略）	—
4	购买礼花筒	14只	（略）	—
5	剪彩用红布花	购买若干	（略）	—

（续表）

序号	项目	要求	价格	备注
6	招牌盖红布	购买1块	（略）	—
7	剪刀	购买8把	（略）	—
8	舞台	搭建350厘米（长）×60厘米（高）×250厘米（宽）	（略）	—
9	红地毯	××米	（略）	—
10	气球和装饰品	若干	（略）	—
11	音响设备	自备音响1对，话筒架2个，话筒3个	（略）	—
12	三角彩旗	200米	（略）	—
13	嘉宾胸花	10个	（略）	—
14	主持人和礼仪小姐	雇请主持人1名，礼仪小姐10名	（略）	—
15	舞狮队	雇请专业舞狮队	（略）	—
16	背景墙	制作与舞台同尺寸大小的喷绘	（略）	—
17	广告投放	报纸或广告牌、电台、电视台	（略）	—
合计			（略）	—

5. 其他相关前期安排

5.1 统计好需要邀请的客户及单位代表，发送请帖，统计好能到会的贵宾。

5.2 分配好店内包房和客户安排区、散客接待区。

5.3 安排好所有招待客户的包房、座位等。

5.4 安排好贵宾菜肴、自点餐项目、酒水供应等。

5.5 联系好各合作伙伴、供应商，确保其布标及赠送产品到位。

5.6 安排好当天人员协调和调动。

【实战范本19】××餐厅开业促销活动策划方案

××餐厅开业促销活动策划方案

××餐饮旗下又一主力品牌——××店——将于近期隆重开业，为配合餐厅开业，以及更好地在开业之初做好品牌的宣传和推广，现特制定如下开业推广计划。

一、媒体宣传

在餐厅开业（具体日期）前3天开始在××电视台、××教育电视台、××广播电台进行媒体密集宣传、推广。

二、网络宣传

（1）开业之日起，利用与我公司合作较好、知名度较高的网站进行合作宣传、推广。重点介绍、宣传我公司××店的盛大开业信息。

（2）在微信公众号、微信小程序、企业微博、微信朋友圈等发布开业信息。

三、××餐饮旗下各家分店全面宣传

制作“热烈祝贺××餐饮××店盛大开业”的横幅，在各家门店的醒目位置进行悬挂宣传。

四、餐厅开业促销支持

1. 团购支持

在与我公司长期合作的知名团购网站——××网——进行一次团购套餐销售，能在短期内显著提高餐厅知名度以及餐厅的顾客人数（客流）。

2. 餐厅开业大酬宾活动

在餐厅开业后的前3个月内：

（1）凡进店消费的顾客可享受全单7.8折优惠（海鲜、酒水、主食除外）。

（2）DM单促销。凭DM单进店消费均可免费赠送1道我店招牌菜品（5选1）。

（3）套餐促销。餐厅组合最大优惠力度的精美套餐4种进行开业酬宾。

（4）“幸运大转盘”活动。凡进店消费的顾客可在就餐结束后，参加我店的幸运大转盘活动，100%中奖率，奖品为我店特色菜品1份，在顾客下次来店就餐时使用。

五、其他支持

（1）在开业前期全面进行员工的各项技能（前厅服务、厨房操作等）培训，提升餐厅的服务质量以及出品品质，务必确保每一位进店顾客都能享受到满意的服务和就餐体验，以提高再次来店消费的可能性。

（2）开业之初，各岗位以最高人员配置为准，确保餐厅运行顺畅和高效。

第三节　餐饮企业周年庆典活动策划

一、周年庆典认知

餐饮企业周年庆典是一家餐饮企业成立周年的庆典。餐饮企业的周年庆典不只是一场简单的程序化庆典活动，而是其步上正轨、茁壮成长的表现，向社会各界人士昭示它已经在经济角逐的路上加速前进。

客观来看，餐饮企业的周年庆典就是这家餐饮企业的经济实力与社会地位的充分展示。从来宾出席情况到周年庆典氛围的营造，以及周年庆典活动的整体效果，都会给人侧面的诠释。

通常来说，人们习惯用对比的方法来看待周年庆典，比如某连锁餐饮企业举行周年庆典，人们首先想到的是与其同等规模的其他餐饮企业举办活动时的情形。对比之下，人们会对举办活动的餐饮企业持有一种看法，也就是认知程度的问题，如果印象比较好，对餐饮企业信赖程度就会提高。

同时，周年庆典也是中国传统风俗，人们认为周年庆典能给之后的经营活动带来好运。

二、周年庆典活动策划方法

餐饮企业进行周年庆典活动策划，可以从以下几个方面来考虑。

（一）确定庆典活动的对象

一般而言，餐饮企业庆典活动对象可分为几类，如图11-3所示。

图11-3　餐饮企业庆典活动对象

政府官员经常收到很多庆典活动的邀请，他们更感兴趣的是这个活动与宏观政策导向是否契合、是否有示范效应；媒体关注的是有没有独特的新闻点；而餐饮企业员工就更需要进行群体性研究了。

（二）围绕餐饮企业的文化进行

餐饮企业周年庆典本身就是进行餐饮企业文化理念落地的一种有效策略，必须以传播餐饮企业文化理念、弘扬餐饮企业精神为主旨，否则，便失去了本身的应有之义。

（三）把握三个关键环节

庆典活动要把握好的三个关键环节（如图11-4所示），就是创意、宣传和组织。

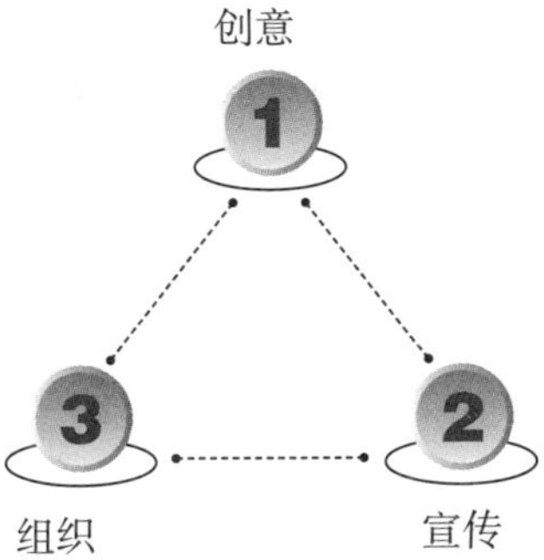

图11-4　庆典活动的三个关键环节

1. 创意

什么是创意？这里从字面上做两点解释：一是“创造新意”，即具有新颖性和创造性的想法或构思，它表现为对传统的叛逆、对常规的破坏，具有“一招定乾坤”的震撼能量！二是“创造意图”，任何创意都有其目的性，都必须追本溯源。好的创意可以操作执行，可以转化为效益。这种创意被餐饮业界称为“灵魂创意”或者“本质创意”。

2. 宣传

宣传在周年庆典的成功举行中发挥着非常重要的作用，餐饮企业在周年庆典开始前，要做好宣传工作，以提高庆典活动的成效。具体活动有：公司网站要及时更新内容，增设“周年庆典倒计时”弹出框，全方位对庆典活动进行宣传；宣传橱窗及时更新，宣传公司成就和亮点；周年庆条幅提前悬挂，烘托气氛；微信公众号、App和员工微信朋友圈发布“周年庆典”活动信息。

3. 组织

周年庆典规模一般不会很小，要想举办一场大型活动，前期的筹备工作是非常复杂烦琐的，如果在活动策划中分工混乱很容易导致在活动执行过程中的人员调配、流程执行等环节出现混乱，会影响到整个活动质量。所以，庆典前及庆典后在人、财、物等各方面做好组织就非常重要了。

（四）制定行之有效的周年庆典活动策划方案

制定一个行之有效的周年庆典活动策划方案，是必不可少的一环，对整个庆典活动起着至关重要的作用。

【实战范本20】××酒楼N周年庆典活动策划方案

××酒楼N周年庆典活动策划方案

1. 活动举办单位

××酒楼。

2. 活动承办单位

××酒楼。

3. 活动目的

庆祝××酒楼成立N周年，树立酒楼新形象，提高酒楼美誉度，并借此机会回馈新老朋友。

4. 活动主题

"继往开来N周年，抒写××新篇章。"

5. 活动成员

（略）

6. 活动时间

××年11月8日至××年12月8日。其中，××年12月8日为××酒楼N周年欢庆日。

7. 活动内容

7.1 餐饮。

（1）活动期间一次性消费满100元，赠送28元消费券。

（2）活动期间一次性消费满300元，赠送88元消费券。

（3）活动期间一次性消费满500元，赠送158元消费券。

（4）活动期间一次性消费满800元，赠送268元消费券。

7.2 宴席。

（1）宴席满5桌，每桌赠送28元消费券。

（2）宴席满10桌，每桌赠送38元消费券。

（3）宴席满20桌，每桌赠送48元消费券。

（4）活动期间酒楼酒水、饮料与超市同价。

7.3 欢庆日。

（1）届时将举办唱歌比赛、篮球比赛、台球比赛等，其间在××酒楼用餐的客人都可参加，比赛设有奖金、礼品等。

（2）××年12月8日20：00～22：00，将举办幸运抽奖游戏。

8. 活动准备

8.1 营销策划组。

（1）礼品数量预算：吉祥兔每天30个×30天＝900个、打火机200个、扑克牌100副。

（2）宣传资料：DM单页1000张、宣传手册200份、X展架6个、宣传光碟10张、电视播放内容等。

（3）宣传媒体选择：电视台、电台、车站站牌、出租车和公交车车身等。

（4）资金预算（略）。

8.2 协调督导组。

（1）及时补充活动各项目人员缺口。

（2）组织各项目小组召开会议讨论。

（3）协助各项目组长对下属人员进行活动前岗位培训。

（4）拟定公司此次活动的激励政策。

（5）起草此次活动的规则。

8.3 物流采购组。

（1）物资采购计划。

（2）物资供应商资料。

8.4 酒楼布置组。

（1）店内外布置方案。

（2）布置所需的硬件、软件。

9. 活动执行

9.1 奖惩制度制定并签发。

9.2 任务必须分工到每一个人。

9.3 工作量要规划到每一个时间段。

9.4 活动中心及各项目组长要及时合理地利用、调度好公司资源。

9.5 活动协调督导组要起到协助、监督作用。

10. 活动总结

10.1 此次活动的成效。

10.2 销售额。

10.3 客人是否满意与认可。

10.4 此次活动的亮点与不完善的地方。

10.5 各部门在此次活动中的亮点与不完善的地方。

10.6 此次活动中个人贡献与缺点。